Andrea Schwarz

Ein tanzender Stern

ANDREA SCHWARZ

Ein tanzender Stern

Von Chaos, Ordnung und dem wahren Leben

HERDER

FREIBURG · BASEL · WIEN

Der Wind will sie befreien,
der Baum hält sie fest:
das Bündnis beider Kräfte
die Blüten tanzen lässt.

Rabindranath Tagore

Man muss noch etwas Chaos in sich tragen,
um einen tanzenden Stern
gebären zu können.

Friedrich Nietzsche

Lieber Leser, liebe Leserin,

ich weiß ja nicht, wie es Ihnen geht ... aber ich kenn mich in meinem eigenen Leben manchmal nicht so recht aus. Da gibt es gelegentlich ein ziemliches Durcheinander von Gefühlen und Empfindungen und Wünschen und Gedanken.

Ich will eigentlich das Eine – oder vielleicht doch das Andere? Oder am besten beides?

Manchmal brauche ich die zwei Stunden Heimfahrt von einem Abendtermin, um mir klarzuwerden, ob ich jetzt noch irgendwo essen gehen will oder mir doch selbst etwas mache – eine Pizza wäre ja ganz schön und dazu ein frisch gezapftes Bier, andererseits, da sind noch Nudeln im Kühlschrank, die sollten weg. Aber was dazu? Also, doch lieber Pizzeria? Hm, viel Lust auf Menschen hab ich jetzt keine mehr ... vielleicht doch gleich nach Hause? Und wie ein Pingpongball gehen meine Gedanken und Vorstellungen in mir hin und her, um schließlich das Auto auf dem Parkplatz des Restaurants abzustellen ... und dann doch nach Hause zu fahren.

Oder: Ich bin eigentlich ganz gut organisiert, was Termine und Veranstaltungen angeht – aber wenn ich auf meinen Schreibtisch oder in mein Auto schaue, scheine ich eher chaotisch zu sein.

Es gibt Menschen, die ich sehr liebe – und doch möchte ich gelegentlich einfach die Tür hinter mir zumachen, weil ich nichts und niemanden mehr sehen und hören mag. Und dann gibt es wieder so Abende, an denen ich mein Telefon regelrecht hypnotisiere, damit es endlich mal klingelt.

Es gibt Zeiten, da kann ich gut still in einer Kirche sitzen und mich von Gott einfach anschauen lassen, lange Zeit – und dann treibt es mich beim nächsten Mal nach zwei Minuten wieder hinaus, weil ich nicht ruhig sein kann.

Manchmal bin ich so – und dann wieder ganz anders. Manchmal bin ich ganz zufrieden damit – und dann wieder kann ich mich selbst grad überhaupt nicht leiden. Und dann frag ich mich natürlich schon: Wer und was bin ich denn nun wirklich? Und was von all dem bekommen eigentlich andere mit?

Zugegeben, ganz so originell und einzigartig ist die Frage gerade nicht. Es ist eine »menschliche« Frage, mit der jeder konfrontiert wird, wenn er auch nur ein bisschen Interesse hat, über sich und das Leben nachzudenken.

Einer, der unter ganz extremen Bedingungen darüber nachgedacht hat, nämlich im Gefängnis und den Tod vor Augen, war Dietrich Bonhoeffer, ein evangelischer Theologe und Pfarrer, der am 9. April 1945 im KZ Flossenbürg hingerichtet wurde.

Wer bin ich?

Wer bin ich? Sie sagen mir oft,
ich trete aus meiner Zelle
gelassen und heiter und fest
wie ein Gutsherr aus seinem Schloss.

Wer bin ich? Sie sagen mir oft,
ich spräche mit meinen Bewachern
frei und freundlich und klar,
als hätte ich zu gebieten.

Wer bin ich? Sie sagen mir auch,
ich trüge die Tage des Unglücks
gleichmütig, lächelnd und stolz,
wie einer, der siegen gewohnt ist.

Bin ich das wirklich, was andere von mir sagen?
Oder bin ich nur das, was ich selbst von mir weiß?
Unruhig, sehnsüchtig, krank, wie ein Vogel im Käfig,
ringend nach Lebensatem, als würgte mir einer die Kehle,
hungernd nach Farben, nach Blumen, nach
    Vogelstimmen,
dürstend nach guten Worten, nach menschlicher Nähe,
zitternd vor Zorn über Willkür und kleinlichste
    Kränkung,

umgetrieben vom Warten auf große Dinge,
ohnmächtig bangend um Freunde in endloser Ferne,
müde und leer zum Beten, zum Denken, zum Schaffen,
matt und bereit, von allem Abschied zu nehmen?

Wer bin ich? Der oder jener?
Bin ich denn heute dieser und morgen ein andrer?
Bin ich beides zugleich? Vor Menschen ein Heuchler
und vor mir selbst ein verächtlich wehleidiger
    Schwächling?
Oder gleicht, was noch in mir ist, dem geschlagenen
    Heer,
das in Unordnung weicht vor schon gewonnenem Sieg?

Wer bin ich? Einsames Fragen treibt mit mir Spott.
Wer ich auch bin, Du kennst mich, Dein bin ich, o Gott!

Dietrich Bonhoeffer

Ja, mag sein: Ich bin diese *und* jene. Nach außen stark, im Inneren verletzlich und berührbar. Ich brauche Distanz und suche gleichzeitig Nähe. Vieles in meinem Leben ist gut organisiert – und dann gibt es eben doch die Ecken und Räume, wo das kreative Chaos in mir lebt.

Manchmal kann ich gut beten – dann wieder ist mir Gott so fern, dass ich lieber irgendwo was ganz Praktisches tue. Und mitten in all dem Tun sehne ich mich schon wieder nach der Stille, in der ich vor Gott einfach sein darf.

Manchmal ist es gar nicht so einfach mit dem Leben … aber all das darf sein.

Distanz und Nähe, Ordnung und Chaos, Beten und Arbeiten, Lachen und Weinen …

Ja, es darf diese Gegensätze in meinem Leben geben. Und wahrscheinlich brauche ich sie sogar.

Mich hat diese Idee in den letzten Jahrzehnten meines Lebens begleitet – und hat mir bei meinen Versuchen, lebendig zu sein und zu werden, sehr geholfen.

Aus dieser Idee sind schon zwei Bücher entstanden: »Ich bin Lust am Leben« (1992) und »Wenn Chaos Ordnung ist« (1997). Beide Bücher sind »in die Jahre gekommen« – wie das eben so ist, wenn man eine bestimmte Idee in einer zeitgemäßen Sprache zum Ausdruck bringen will. Deshalb werden diese Bücher auch nicht mehr aufgelegt. Aber das nimmt der Idee ja nichts von ihrer Richtigkeit.

Als mich Dr. Ulrich Sander vom Verlag Herder fragte, ob ich mir vorstellen könnte, aus diesen beiden, nicht mehr lieferbaren Büchern ein »neues« zu machen, habe ich gerne Ja gesagt. Die Idee, »mit Gegensätzen zu leben« finde ich immer noch wichtig und hilfreich – und die Ideen von damals in eine neue Sprache zu bringen, kann ja auch eher unterstützend sein.

Daraus erklärt sich auch der Charakter dieses Buches: »Mit Gegensätzen zu leben« wird beispielhaft an »Chaos und Ordnung« durchbuchstabiert, das ist der erste Teil des Buches. Aber der Grundgedanke lässt sich natürlich auf alle anderen Gegensatzpaare auch übertragen. Deshalb finden Sie dann im dritten Teil dieses Buches einige Spuren und Gedanken zu grundsätzlichen Überlegungen wie »kairos« und »chronos«, der Notwendigkeit der Pole und dem »und«. Und das alles Verbindende ist natürlich der »tanzende Stern« …

Und das Ziel ist damit auch klar: »Lust am Leben sein«!

Falls Sie mitkommen mögen – herzlich willkommen im Leben!

Andrea Schwarz

und du glaubst ich bin stark
und ich kenn den weg
aber ich steh nur hier oben
und sing mein lied
Ich + Ich, »Stark«

ein abend
wie heute

ich bin
überhaupt

nicht
stark

ihr seht die
sonnenseiten

und wollt
den schatten

nicht
wahrhaben

ich bin
am ende

und weiß
nicht weiter

ich kann
nicht mehr

und es
wächst mir

über
den kopf

    es ist ein abend
    an dem ich

    nicht mehr will
    und nicht mehr kann

Inhalt

1
Von Chaos und Ordnung ...

Annäherungen

Südafrika, Mariannhill, August 2011 – Beate, eine junge Frau aus Deutschland hatte sich entschieden, für einige Monate in Jabulani, dem Selbsthilfezentrum dort, mitzuarbeiten. Für sie war es eine gute Gelegenheit, die Zeit bis zum Beginn ihrer Ausbildung zu überbrücken und wertvolle Erfahrungen zu sammeln – für die Ordensschwestern, die das Zentrum leiten, eine willkommene Unterstützung.

Und dann prasselten die neuen Eindrücke regelrecht auf sie herein: eine vollkommen andere Umgebung, eine Sprache, in der sie nicht zu Hause war, ungewohntes Essen, ein anderes Klima, Armut und Not vieler schwarzer Menschen, die großen, fragenden Augen der Kinder – und eine andere Mentalität, eine Sorglosigkeit trotz aller Probleme aus der Freude am Leben heraus, Gesang und Gelächter ... es war viel für sie.

Sr. Ulrike und ich mussten am Samstag sowieso in das nahegelegene Einkaufszentrum, um etwas zu erledigen und fragten Beate, ob sie mitkommen wollte. Ihr Gesicht leuchtete auf, ja, das würde sie gerne tun! Sie wollte Geld vom Bankautomaten holen – und hatte, da sie ohne Auto war, keine Chance, sonst dorthin zu kommen. Und als weiße Frau sich den südafrikanischen »Kleinbus-Unternehmungen« anzuvertrauen ist nicht so besonders empfehlenswert.

Wir holten das Geld, schlenderten ein wenig umher … und fragten sie dann, was sie jetzt gerne tun würde. Die Antwort kam prompt: »Bei McDonald's einen Hamburger essen!«. Mitten in der Fremde ein wenig Heimat im Vertrauten suchen …

***

Mitten in die Arbeit an diesen ersten Seiten des neuen Buchmanuskripts kommt die Nachricht von Whitney Houstons Tod. Noch ist die Todesursache ungeklärt, der Kommentar in SWR 3 endet mit dem Satz: »Jetzt hat der Chor dort oben eine starke Solistin mehr!« Aber die Vermutung liegt nahe: Dem Chaos, das ihr Genie mit sich brachte, konnte sie keine Strukturen entgegensetzen, die sie gehalten haben. Sie hat sich im Chaos verloren.

***

Sabine ist eine junge, dynamische Frau. Sie hat mit ihrem Mann zwei Kinder zu wunderbaren Menschen großgezogen, jetzt wachsen sie langsam aus ihrer Obhut heraus, und sie weiß, sie muss sie gehen lassen. Sie macht sich auf die Suche nach neuen Herausforderungen, wird Firmkatechetin, nimmt einen kleinen Job in einem großen Möbelkaufhaus an. Die alte Ordnung passt nicht mehr … sie sucht etwas Neues …

***

Eine katholische Pfarrgemeinde in der Stadt … und die Menschen stehen fassungslos vor der Tatsache, dass in ihr Pfarrhaus kein Priester mehr einziehen wird. Stattdessen: Beerdigungen durch Laien und Wortgottesdienste! Nein, das möchten wir nicht. Das haben wir noch nie so gemacht! Das Festhalten an dem, was vertraut ist, kann manchmal auch Entwicklungen verhindern.

Vier kurze Situationsbeschreibungen von der Notwendigkeit der Ordnung, der Lust am Chaos, der Sehnsucht nach dem Anderen, dem Halt im Vertrauten – und damit sind wir mitten drin im Thema!

Und genau das macht Lebendigkeit aus. Das Eine und das Andere … Chaos und Ordnung …

Das Chaos bewegt ...

In vielen Veranstaltungen, Seminaren und Vorträgen habe ich in den letzten Jahren etwas über Chaos und Ordnung und ihr »Zusammenspiel« erzählt. Und wenn ich in einer Gruppe ankündige, dass jetzt ein Impuls zu »Ordnung und Chaos« kommt, dann erlebe ich bei den Teilnehmern oft die gleiche Reaktion: ein ernstes, unbewegtes Gesicht bei dem Wort »Ordnung«, so als ob man sagen wollte: »Ja, Ordnung muss sein!« – und ein leichtes Schmunzeln beim Wort »Chaos« – fast so, als ob einen Moment lang Bilder und Erinnerungen aufblitzen: Verrücktheiten und Unaufgeräumtes, Durcheinander und lustvolle Unordnung. Im Gegensatz zu dem Wort »Ordnung« ist das »Chaos« ein Wort, auf das man reagiert. Und das ist eigentlich auch gut nachvollziehbar: Solange alles »in Ordnung« ist, braucht man ja nicht zu reagieren, nichts zu machen. Das Chaos ist das Andere, das, was plötzlich Gefühle, Reaktionen, Bewegung hervorruft. Und dass das mit dem Chaos so ist, das ist wiederum durchaus in Ordnung.

1:0 für die Ordnung?

Zugegeben, die Ordnung hat es bei uns ein bisschen leichter als das Chaos. Die Ordnung, das ist das Geregelte, das Normale, all das, was uns sicher macht, uns Orientierung gibt. Man weiß, woran man ist, kann Dinge ab- und einschätzen. Es gibt Regeln und Gesetzmäßigkeiten, Vereinbarungen und Normen. Solange man sich im Rahmen der Ordnung bewegt, kann einem eigentlich nicht viel passieren – aber es passiert auch nichts.

Deswegen sucht der Mensch instinktiv nach einer Ordnung, nach Orientierungspunkten, wenn er in eine für ihn neue Situation kommt. Wenn man weiß, was hier »in Ordnung« ist, wird man ein bisschen sicherer, kann man sein Verhalten daraufhin einstellen. Man probiert herauszukriegen, was hier »gespielt« wird, wie der Hase läuft. Dazu braucht man Informationen. Am Urlaubsort ist der erste Rundgang wichtig – wo bekomme ich hier meine Brötchen, wo die Zeitung, wo ist die Post und wo der Geldautomat? Wenn jemand ins Krankenhaus kommt und damit sozusagen in eine neue, andere Ordnung hineingestellt wird, wird er versuchen, die Gesetzmäßigkeiten dieser Ordnung herauszufinden – wie läuft das mit der Visite ab, wann hat die nette Schwester Dienst, wie funktioniert das Telefon, wann findet hier welche Untersuchung statt? Am neuen Arbeitsplatz die

Frage: Was ist hier üblich, wie macht man das hier? Man versucht zuerst einmal, die geltenden Regeln herauszubekommen, sich anzupassen, nicht aufzufallen. Man weiß ganz gern, woran man ist.

Und deshalb fährt man auch ganz gerne nach drei Wochen Urlaub wieder nach Hause, zurück ins Vertraute, Gewohnte – deshalb revoltiert man spätestens nach fünf Wochen Krankenhausaufenthalt – »zu Haus ist halt zu Haus.« Das Gewohnte tut bei mancher Langeweile, die alles Vertraute eben mit sich bringt, auch ganz gut, man fühlt sich sicher und geborgen, behaust und beheimatet.

Das Chaos verunsichert. Da ist alles anders, fremd, ungewohnt. »Chaotentage« in Hannover – und man macht einen großen Bogen um die Stadt. »Chaos auf der A 5« – und man weiß: Die Autobahn ist grad mal wieder der größte Parkplatz Deutschlands. Chaos im eigenen Leben – die vertrauten Gewohnheiten sind plötzlich außer Kraft gesetzt. Was bisher galt, gibt keinen Sinn mehr. Meine bewährten Verhaltensmuster greifen nicht mehr, Neues ist angesagt. Ich bin unsicher. Das Chaos ist der Zustand, in dem es keine Ordnung gibt – oder man noch keine Ordnung erkennt. Es ist die Abwesenheit von Ordnung, das »Ungestaltete«. Das kann Angst machen – und deshalb meidet man das Chaos lieber.

Aber das ist nur die eine, die vordergründige Seite …

Es gilt auch umgekehrt

Die Suche nach der Ordnung, die Vermeidung des Chaos – das ist die eine Seite. Aber es gibt auch eine Angst vor zu viel Ordnung und eine gewisse Lust am Chaos, wenn sie manchmal auch eher untergründig in uns schlummern.

Es ist ja ganz nett, wenn alles geordnet ist – aber damit bin ich auch gezwungen, mich entsprechend unter- und einzuordnen. Die Ordnung gibt mir Sicherheit, begrenzt mich aber auch in meiner individuellen Lebensgestaltung. Ich kann mich im Tagungshaus auf geregelte Essenszeiten verlassen, das entlastet von der individuellen Gestaltung – was aber, wenn ich abends um zehn Uhr Lust auf ein Käsebrot bekomme? Daheim kann ich an den Kühlschrank gehen, hier grenzt mich die Ordnung, die eigentlich entlasten will, ein. Und ein »Zuviel« an Ordnung kann auch Angst machen – was passiert, wenn ich nicht der Ordnung entspreche? Wenn die Ordnung mir das versagt, mir das abspricht, was ich eigentlich tun will? Die Ordnung hält und sichert mich, aber nimmt mir zugleich manchmal auch meine Freiheit.

Andererseits liegt im Chaos auch ein gewisser Reiz, ein Prickeln. Mal ausbrechen, mal das ganz Andere tun – indianische Schwitzhütten, Urlaub auf dem Hausboot, ein Jahr nach Kanada gehen. Und wer im Alltag dazu gezwungen ist, sich in eine mehr oder weniger starre Ordnung einzupassen, wird manchmal in seiner Freizeit oder im Urlaub das suchen, was er in seinem Alltag nicht tun kann: Der Urlaub in Florida und auf den Malediven, der Motorrad-Ausflug am Wochenende oder der Halbmarathon in Mannheim. Eine solche Lust am Neuen und Anderen kann auch ganz einfach darin bestehen, mitten in meinem Alltag etwas »Nicht-Alltägliches« zu machen: ein neues Rezept ausprobieren, der Spanischkurs an der Volkshochschule, die Übernahme einer neuen Aufgabe zum Beispiel als Firmkatechet, der Beginn einer Fortbildung …

Je langweiliger, geordneter und normaler der Alltag ist, umso extremere Formen kann die Lust am Chaos, die Abkehr von der Ordnung annehmen und sogar selbstzerstörerische Züge bekommen: die Geisterfahrer auf der Autobahn, die das Schicksal herausfordern, die jugendlichen »S-Bahn-Surfer«, diejenigen, die mit Drogen das »ganz Andere« erleben wollen. Es gibt eine Sehnsucht nach dem Reiz, dem Kitzel.

Diese Sehnsucht hat aber auch durchaus bürgerliche und offiziell legitimierte Formen – Lottospielen zum Beispiel. Wenn ich nicht irgendwie darauf hoffen würde, dass die Ordnung der Normalität einmal außer Kraft gesetzt werden würde, die Statistik gerade für mich nicht gilt, bräuchte ich mir gar keine Zahlen zu überlegen, um den Jackpot zu knacken. Und Auto-Scooter fahren würde überhaupt keinen Spaß machen, wenn alle brav hintereinander herfahren würden. Erst das absolute Chaos, das ich mithelfe zu produzieren, lohnt das Geld.

Wenn es der Ordnung zu viel ist, dann bauen wir uns ein bisschen Chaos in mehr oder weniger erträglichen Dosen in unser Leben ein.

Und dann gibt es noch die spannende Variante, aus der eigenen Ordnung heraus sich am Chaos der anderen zu ergötzen, das Zuschauerphänomen: voll Interesse zuschauen, was anderen mit dem Leben geschieht – seien es mehr oder wenige prominente Mitmenschen, die sich durch das Dschungelcamp kämpfen, den Superstar suchen oder sich in einer Talk-Show darauf einlassen, ihre innerste Persönlichkeit einer Öffentlichkeit zu zeigen. Von diesem Interesse leben einige Zeitschriften, Fernsehkanäle und sonstige Medien ganz gut. Aber auch: Aus der Sicherheit des eigenen Autos heraus das Leiden, das Chaos der anderen mitfühlend oder neugierig anzuschauen – das Phänomen der »Gaffer« auf der Autobahn und des »Katastrophentourismus« wie vor einiger Zeit, als Wertheim vom Hochwasser des Mains überflutet wurde und die zahlreichen Zuschauer die Rettungsarbeiten behinderten. Und auch die Cafés sind noch mal ein bisschen interessanter geworden, seitdem es Handys gibt – man sitzt einfach da, trinkt seinen Kaffee und kann sehr lustvoll Anteil nehmen am Leben der anderen: Klärung von Beziehungskisten, geschäftliche Vereinbarungen ...

Aus der Spannung komme ich nicht heraus. Ich brauche die Ordnung und wehre mich gegen sie, ich habe

Angst vor dem Chaos und brauche doch den Reiz und das Prickeln des ganz Anderen. Es braucht beides in meinem Leben – Ordnung und Chaos. Ich brauche das Verlässliche, das Kontinuierliche – und ich brauche den Reiz des Neuen.

Und ich brauche meine Angst vor zu viel Ordnung und vor zu viel Chaos.

Manche mögen's so, andere mögen's anders

Es gibt natürlich auch ganz persönliche Vorlieben, denn wir Menschen haben zwar eine ganze Menge Verbindendes und Gemeinsames, aber zum Glück gibt es auch Unterschiede. Manche Menschen können schon morgens um fünf Uhr fröhlich vor sich hin pfeifen, andere kommen erst abends so richtig in Schwung. An der Frage, wie man denn mit Zahnpastatuben richtig umgeht, also ob man sie von hinten nach vorn sorgfältig ausdrückt oder vollkommen unsystematisch einfach irgendwo mittendrin draufdrückt, sollen schon Beziehungen gescheitert sein – wobei die Zahnpastatube dann sicher nur Symptom anderer und gewichtigerer Unterschiede war.

Solche Vorlieben beziehungsweise Abneigungen gibt es auch für Ordnung und Chaos. Manche lieben und brauchen ihre Ordnung, andere haben eher einen Hang zum Chaotischen. Es mag mit der je eigenen Lebensgeschichte zusammenhängen und dem, was man als Wert oder Gewohnheit übernommen haben mag – oder wogegen man sich bewusst oder unbewusst wehrt und es gerade deshalb ablehnt. Solche unterschiedlichen Vorlieben sind durchaus normal, solange sie nicht so absolut gesetzt werden, dass daneben nichts anderes mehr existieren darf. Und gerade solche Unterschiedlichkeiten bringen ja auch erst eine gewisse Lebendigkeit ins

Spiel – solange man das Anders-Sein des anderen nicht als Bedrohung empfindet, sondern als wichtige Bereicherung des eigenen Standpunkts.

Unsere Haltungen und Einstellungen sind dabei natürlich auch von dem Kulturkreis geprägt, in dem wir leben. Und da kann es dann schon beträchtliche Unterschiede allein zwischen Mittel- und Südeuropa oder gar zwischen Europa und Afrika geben, manches sieht man bei uns ein wenig »enger« und ordentlicher, anderswo geht man mit dem Chaos eher großzügig um.

Die Einstellung eines Menschen zu Chaos und Ordnung mag sich an vielen Dingen und Situationen ablesen lassen, ein ganz spannendes Beispiel dafür aber ist der Urlaub. Es gibt nur wenige Menschen, denen ihre gewohnte Ordnung so »heilig« ist, dass sie um nichts in der Welt dazu zu bringen sind, dieses Vertraute und Gewohnte einmal für ein paar Tage hinter sich zu lassen. Diejenigen, die es sich finanziell leisten können, in Urlaub zu fahren, nutzen diese Gelegenheit in aller Regel ganz gerne, mag man auch noch so sehr seine Ordnung lieben. Für diejenigen, die das Neue und Fremde lieben, ist das natürlich erstmal überhaupt keine Frage – je mehr Abwechslung im normalen Alltagstrott, umso besser –, und da kann es durchaus passieren, dass man sich abends spontan entscheidet, grad mal eben nach Paris zu fahren, um dort zu frühstücken. Solche Spontanaktionen wären für Menschen mit einer leichten Vorliebe für die Ordnung undenkbar – sie planen ihren Urlaub eher generalstabsmäßig, mit Pack- und Checklisten,

ADAC-Stauinformationen, und das Auto muss vorher auf jeden Fall in die Inspektion. Das sind die Menschen, die für 25-maligen Aufenthalt in Todtnau mit einer Plakette und einer Flasche Wein geehrt werden und in der Lokalzeitung mit Bild veröffentlicht werden. Ihnen tut das Vertraute gut, sie genießen es, sich in diesem Ort auszukennen, mit manchen Einheimischen »per Du« zu sein, in die Entwicklung des Ortes irgendwie eingebunden zu sein – und fahren sie doch mal woanders hin, dann kehren sie im Jahr drauf in der Regel reumütig zurück. Ihr Zugeständnis an das Chaos besteht lediglich darin, einmal im Jahr eine Ordnung durch eine andere auszutauschen, den Arbeitsalltag mit einer Form von Urlaubsalltag. Man hat seine Ordnung, sogar im Urlaub, lässt sich die Zeitung nachschicken, sieht das gleiche Fernsehprogramm, kauft im Lebensmittelmarkt der gleichen Kette wie zu Hause.

Diejenigen, die eher einen Hang zum Chaotischen, zum Wechsel, zum Neuen haben, sich vielleicht in ihrem Alltag in diesem Drang ein wenig gefesselt fühlen durch einen »ordentlichen« Beruf, werden all ihre Lust am Chaos in den Urlaub hineinwerfen. Je exotischer, umso besser, je abenteuerlicher, umso erholsamer – sagen sie. Und sie werden den Teufel tun und irgendwohin fahren, wo sie schon mal gewesen sind – mag es dort auch noch so schön gewesen sein. »Das kennen wir schon!« gehört eindeutig nicht zu ihrem Urlaubsritual. Aber auch sie mögen bei aller Abenteuerlust sich schon bald wieder eine Ordnung in ihrem Nicht-Alltag zurechtlegen: Dort kann man gut Pizza essen, die Bar am Strand hat am längsten geöffnet, und sogar der Abenteuerurlaub im Himalaja bekommt auf einmal seine Ordnung – und sei es nur, dass man morgens um sechs Uhr aufbricht.

Schnelltest

Sollten Sie unsicher sein, zu welcher Gruppe Sie gehören – da gibt es einen ganz einfachen Schnelltest, den man nun allerdings auch nicht zu ernst nehmen sollte.

Friedrich Nietzsche, der deutsche Philosoph, hat einmal den Satz gesagt: »Man muss noch Chaos in sich haben, um einen tanzenden Stern gebären zu können.«

Es gibt Menschen, die schmunzeln einfach wissend vor sich hin, wenn sie diesen Satz hören und fühlen sich verstanden. Andere runzeln leicht unwillig die Stirn und fragen: »Was um alles in der Welt soll ich mit einem tanzenden Stern???«

Den Wechsel leben

Man hat seine Vorlieben, für Ordnung oder für das Neue, Andere – und nachdem man lange Zeit dies ganz selbstverständlich gelebt hat, kann es passieren, dass man plötzlich innehält und spürt: So stimmt es nicht mehr.

Die Lust am Neuen hat irgendwie seinen Reiz verloren, man sehnt sich ein wenig nach Heimat und Geborgenheit und Ankommen. Oder: Das Alte, die vertraute Ordnung, trägt auf einmal nicht mehr, passt nicht mehr – man spürt, Neues ist angesagt, auch wenn man noch nicht genau weiß, wie dieses Neue denn eigentlich aussehen soll. Aus Chaos wird Ordnung – und die Ordnung sucht das Chaos.

Eigentlich kenne ich das gut ... so alle sieben bis zehn Jahre ändert sich mein Leben mal wieder, ist Aufbruch angesagt.

Die vorletzte Änderung hat Angelo, ein guter Freund aus Südafrika und der Priester, mit dem ich in Viernheim zusammenarbeitete, mit einer scheinbar ganz einfachen Frage angestoßen: »Könntest du dir vorstellen, mal in Südafrika zu arbeiten?« Nein, das konnte ich mir zu dem Zeitpunkt überhaupt nicht vorstellen, ich hatte bisher noch nicht einmal einen Gedanken daran verschwendet. Ich hatte so ein bisschen »midlife-crisis«, wie man sich eben so fühlt, wenn man gerade fünfzig Jahre alt geworden ist und das erste Mal in der Apotheke den »Senioren-ratgeber« bekommt. Was um alles in der Welt sollte ich in Südafrika?

Aber irgendwie saß der Haken ... warum eigentlich nicht? Ich bin ja noch keine achtzig Jahre alt – wann, wenn nicht jetzt? Okay ... mir war auch klar, zu dem Zeitpunkt passte es gar nicht, ich konnte nicht meine alt gewordene Mutter alleine lassen und 10.000 Kilometer entfernt sein – aber so ganz grundsätzlich?

Meine Mutter starb im Dezember 2006 – und nach einer Zeit des Trauerns und der Wohnungsauflösung und all dem, was damit an Behördengängen verbunden war, meldete sich Südafrika wieder zu Wort. Und ich fing an zu suchen und mich zu erkundigen – und landete dann im Mai 2008 bei den Missionsschwestern vom Kostbaren Blut (CPS) in Mariannhill bei Durban. Und ein Jahr später war ich von meiner halben Stelle beurlaubt, war in eine kleine Wohnung umgezogen, hatte in Südafrika ein Auto und ein kleines Zimmer neben dem Konvent der Schwestern.

Und seitdem fliege ich viermal im Jahr nach Südafrika, jeweils für vier, sechs oder zehn Wochen und arbeite dort ehrenamtlich. Für einige Wochen ans andere Ende der Welt zu fliegen ist für mich inzwischen fast unmerklich schon zum Alltag geworden. Und am deutlichsten merke ich es daran, wenn ich auf dem Flug Menschen begegne, für die ihre drei Wochen Urlaub dort die Erfüllung eines Lebenstraumes sind!

Aus dem Besonderen, dem ganz Anderen, kann Alltag werden. Das ursprünglich Fremde und Neue und Faszinierende bekommt eine Ordnung, ich weiß inzwischen, wo ich in Durban eine gute Salami bekomme, habe »meine« Tankstelle gefunden – und die Mädchen im Kopiergeschäft kennen mich inzwischen auch schon.

Diese Zeit in Südafrika neigt sich inzwischen ihrem Ende zu – und mir wurde zunehmend klar, dass ich dieses Land zwar sehr liebe, aber mir nicht vorstellen kann, dort alt zu werden. Für mich bedeutet Sprache sehr viel – und ich bin nun mal in der deutschen Sprache »zu Hause«. Und ich freue mich auch sehr darauf, mal wieder einfach irgendwo in einem Wald spazieren gehen zu können, ohne Angst haben zu müssen, überfallen zu werden. Soviel »Heimat« und »Ordnung« brauche ich schon auch.

Aber jetzt einfach nach Viernheim zurück? Stimmt irgendwie nicht … und in die Jahre bis zur Rente passt noch gut eine Herausforderung hinein. Und so breche ich mal wieder auf, ziehe in den Nordwesten Deutschlands, in eine Landschaft, die ich sehr liebe, das Emsland, und fange in der Diözese Osnabrück nochmal für einige Jahre neu an.

Manche verstehen die Entscheidung, diejenigen, die Verständnis für Wechsel und Aufbruch haben. Aber die haben auch schon meine Entscheidung für Südafrika gut verstanden und mitgetragen.

Andere schütteln nur den Kopf und sagen: »Also, das könnt ich nicht!« – na ja, müssen sie ja auch nicht. Und wir »Fahrensleute« brauchen ja auch diejenigen, von denen man ziemlich sicher sein kann, dass sie zu Hause sind, wenn man vor der Tür steht und anklopft, dass es da ein Bett gibt und etwas zu essen. Aber diejenigen, die zu Hause bleiben, brauchen vielleicht auch die »Fahrensleute«, die gelegentlich bei ihnen einkehren und davon erzählen, was sie erlebt haben.

Wenn plötzlich mitten im Alltag etwas nicht mehr passt, was lange Zeit gestimmt hat, dann kann es durchaus ein Anzeichen dafür sein, dass Neues und Veränderung angesagt sind.

Dann gilt es, nicht krampfhaft am Alten, Bewährten festzuhalten, sondern auch bereit für das Neue, Andere zu sein. Wenn ich im Übergang bin, muss ich manchmal mit Traditionen brechen, andere muss ich gerade dann aufrechterhalten. Da muss ich wahrnehmen und hinschauen – und manchmal auch dem Gefühl trauen.

Wechsel ist angesagt, wenn meine Ordnung das Neue braucht oder wenn mein Chaos eine Heimat sucht.

die
grenze
leben

das haus
das ich bewohne
passt nicht mehr

ich bin hier
nicht mehr
zu hause

ich kann hier
nicht mehr
leben

ich bekomme
keine luft mehr
habe keine lust mehr

und es liegt
nicht
am leben

nun gut
dann muss ich
eben mal wieder

aufbrechen

die weite suchen
das andere probieren
das neue wagen

aber manchmal
ist in mir soviel
sehnsucht

endlich
angekommen
zu sein

Und plötzlich weißt du:
Es ist Zeit, etwas Neues zu beginnen
und dem Zauber des Anfangs zu vertrauen.
Meister Eckhart

ein zettel
beim aufräumen
gefunden

und
plötzlich
weiß ich

es wird zeit
den nächsten schritt
in den blick zu nehmen

sich zu verabschieden
anderes zu beginnen
mich neu verzaubern zu lassen

über grenzen zu gehen
neues zu wagen
mich zu probieren

mit schmerzen und mit tränen

und mit ganz viel lust
auf leben

Was ist Chaos? Was ist Ordnung?

Wenn man mal von den Wörtern ausgeht: »Chaos« kommt aus dem Griechischen und wird dort wertneutral verwandt, es hat keine solch negative Bedeutung wie bei uns in Mitteleuropa. Es beschreibt einfach das Gegenteil von »Ordnung«, also die »Nicht-Ordnung«.

Das Wort »Ordnung« kommt aus dem Lateinischen, von »ordo«, das bedeutet »in eine Reihe stellen«, »sortieren«. Daraus leitet sich zum Beispiel auch das Wort »Orden« für eine Klostergemeinschaft ab. Und auch ein »Orden«, der verliehen wird, stellt ja eine Rangfolge her.

Chaos und Ordnung, in einem solchen Sinn wertfrei verstanden, stehen in zwei verschiedenen Beziehungen miteinander, in einer zeitlich aufeinanderfolgenden und in einer sich gegenseitig ergänzenden.

Chaos – Geburt einer neuen Ordnung

Chaos und Ordnung folgen aufeinander. Eine Ordnung wird durch das Chaos abgelöst, auf das Chaos folgt eine neue Ordnung. Und dieser Wechsel hat bereits schon wieder seine eigene Ordnung. Eine alte Ordnung muss vergehen, sei es durch eine langsame und allmähliche Entwicklung von innen heraus, sei es durch ein Ereignis von außen. Gewohnheiten, Denkmuster, Verhaltensweisen, »Normalitäten« werden plötzlich aufgeweicht, weggenommen, durchkreuzt, passen und stimmen nicht mehr – und Neues ist grad noch nicht in Sicht. Es sind Zeiten, in denen die Ordnung abwesend ist, Zeiten, die einen verunsichern, durcheinanderbringen können – aber es sind auch Zeiten, in denen Neues wachsen und entstehen kann. Mitten im Chaos entsteht eine neue Ordnung. Eine Ordnung vergeht und macht dem Chaos Raum.

Jedes Chaos ist der Übergang von einer Ordnung zu einer anderen – und keine Ordnung ist so stabil, als dass sie nicht ins Chaos geraten könnte.

Bei Kindern, die in die Pubertät geraten, passt die alte Ordnung des »Kind-Seins« nicht mehr. Plötzlich ist man irgendwie für manches zu alt, man entwickelt andere Interessen, man hat mehr Verantwortung, manche ungewohnten körperlichen Vorgänge verunsichern. Irgendwas passt nicht mehr, man ist nicht mehr Kind – aber weiß zugleich noch nicht so recht, was man denn nun eigentlich ist. Chaos ist angesagt – für das Mädchen, den Jungen, aber auch für die gesamte Umgebung. Erst allmählich kann aus dieser Zeit der Verwirrung, des Durcheinanders, eine neue Rolle mit neuen Denkweisen, neuen Verhaltensmustern entstehen und wachsen.

Lebensmitte – die Kinder sind plötzlich aus dem Haus, bisherige Lebensinhalte fallen auf einmal weg, vieles, wofür man sich in den vergangenen Jahrzehnten eingesetzt hat, ist erreicht. Manches, was in den letzten Jahren Sinn gemacht hat, wird plötzlich »sinn-los«. Die eigenen Eltern werden gebrechlich und krank, plötzlich steht Abschied ins Haus, die Endlichkeit wird schmerzhaft bewusst. Die neue Leere, der Schmerz, der Abschied, die Sinnfrage wollen durchlebt sein, bevor etwas Neues aus den Fragen wachsen kann.

Der Tod des Partners, der Partnerin – vielleicht vollkommen überraschend eine stabile Ordnung mit sich reißend, vielleicht durch Krankheit allmählich in Frage gestellt. Plötzlich bricht etwas weg, mit dem man vertraut war, auf das man gebaut hat.

Frühpensionierung – von heute auf morgen hat der Arbeitgeber keine Verwendung mehr für einen, ein Teil der Identität geht verloren, man fühlt sich überflüssig – was jetzt?

Plötzliche Krankheit – unvorhergesehen im Krankenhaus, aus dem Alltag herausgerissen, überraschend konfrontiert mit existenziellen Fragen.

Umzug – eine unbekannte Stadt, fremd, unvertraut, verunsichert …

Das sind Chaos-Situationen, große und kleine – eine bestehende Ordnung geht, eine neue ist noch nicht in Sicht.

Das kann im menschlichen Leben zu Krisensituationen führen. Viele Anlässe, aus denen heraus Beratung gesucht wird, sind solche Chaos-Situationen, in denen scheinbar aller Halt und alle Sicherheit weggerutscht sind. Treffen mehrere Chaos-Situationen zusammen, so kann es durchaus dazu kommen, dass Menschen vollkommen aus der Bahn geraten, einfach, weil es keine entscheidenden Ordnungen mehr gibt, an die man sich halten kann.

Natürlich gibt es auch wunderschöne Chaos-Situationen!! Verliebt-Sein zum Beispiel – das ist Chaos pur! Der normale Alltag wird auf den Kopf gestellt, man sprüht nur so vor Lebendigkeit. Alles ist anders, frisch, neu! Oder auch die erste Schwangerschaft, die Geburt eines Kindes ist so eine Chaos-Situation – die alte Ordnung gilt nicht mehr, es hat sich etwas grundlegend verändert, noch ist die junge Mutter unsicher, hat Angst, etwas falsch zu machen, und es braucht seine Zeit, bis wieder ein wenig Alltag einkehrt.

Chaos – das ist einfach das Neue, das Andere, das noch nicht gestaltet ist.

Normalerweise entwickelt sich aus einem Chaos eine neue Ordnung. Manchmal braucht es seine Zeit, aber sie wächst zunehmend – und damit kann auch die Sicherheit wieder wachsen.

Das Mädchen entdeckt die Lust am anderen Geschlecht und findet sich anfanghaft in ihrer Rolle als Frau. Die Mutter, die bisher ausschließlich für ihre Familie gelebt hat, kommt auf die Idee, endlich was für sich zu tun. Der Frührentner stellt sich für ehrenamtliche Aufgaben in der Pfarrei oder im Verein zur Verfügung. Der Patient im Krankenhaus strukturiert sich seinen Alltag. In der neuen und noch so fremden Stadt bekommt man erste Kontakte zu Nachbarn und hat herausgefunden, wo es am Samstagmorgen die besten Brötchen gibt. Und beim dritten Baby ist es nicht mehr ganz so aufregend – und leider verliert sich das Chaos des »Frisch-verliebt-Seins« auch oft genug in der Ordnung des Alltags.

Das Chaos hat seine Zeit – und darf und muss sogar seine Zeit haben, damit daraus Neues entstehen kann – aber ich darf auch darauf vertrauen, dass aus dem Chaos wieder etwas Neues wächst, sich eine neue Ordnung ergibt.

Es gibt nur wenige Menschen, die sich so in ihr Chaos »verlieben«, dass sie um nichts in der Welt daraus hervorkommen möchten. Und nur manche verlieren sich so darin, dass sie professionelle Hilfe brauchen, um wieder herauszukommen. Das ist nichts Schlimmes, manchmal kann einen das Chaos wirklich so überwältigen, dass man selbst überhaupt keinen Weg mehr sieht. Da tut ein Wegbegleiter, eine Wegbegleiterin durch das Dunkel hindurch ganz gut.

Im Normalfall kann man aber durchaus dem gesunden Leben vertrauen: Mitten im Chaos kann etwas ganz

Neues heranwachsen, das muss nicht besser, aber auch nicht schlechter sein als das Vorhergehende – es ist etwas Neues. Und damit vielleicht stimmiger für die neue Lebenssituation, kreativer, frischer, unverbrauchter. Manchmal kann das Chaos der entscheidende Hinweis dafür sein, dass etwas Neues in meinem Leben angesagt ist – und davor muss ich eigentlich nicht unbedingt erschrecken, sondern könnte es eigentlich auch begrüßen. Ich gebe gerne zu, das Neue und Andere ist nicht unbedingt immer leicht – aber ich find's auch spannend. Und wenn ich auf mein Leben zurückschaue, dann bin ich in diesen Stunden, wo es scheinbar überhaupt nicht mehr weiterging, ganz schön gewachsen, auch, wenn ich manchmal nicht wusste, wohin …

Aus dem Chaos wird das Neue geboren, mitten im Chaos ist die Lebendigkeit, »die Mitte der Nacht ist der Anfang des neuen Tages« …

Chaos ist Übergang.

Leben

Unruhig

machen die hellen
Nächte des Sommers

ich spüre es
wachsen

und weiß nicht

wohin

Gab es denn keine Gräber in Ägypten,
dass du uns zum Sterben in die Wüste holst?
Exodus 14,11a

Übergang

zwischen Traum
und Verzweiflung

Milch und Honig
Fessel und Fron

denk ich
Aufbruch

ahn ich
Freiheit

träum
ich Zukunft

und packt mich
die Angst

sollte man nicht vielleicht doch
und was ist wenn

und überhaupt
und
Träume
Tränen

Beginn
und Ende

und ich
irgendwo

da
zwischen

Das »Dazwischen« braucht seine Zeit

Chaos-Situationen sind oft ein Anzeichen für Lebens-
übergänge oder Lebens-»Stufen«.

Stufen

Wie jede Blüte welkt und jede Jugend
Dem Alter weicht, blüht jede Lebensstufe,
Blüht jede Weisheit auch und jede Tugend
Zu ihrer Zeit und darf nicht ewig dauern.
Es muß das Herz bei jedem Lebensrufe
Bereit zum Abschied sein und Neubeginne,
Um sich in Tapferkeit und ohne Trauern
In andre, neue Bindungen zu geben.
Und jedem Anfang wohnt ein Zauber inne,
Der uns beschützt und der uns hilft, zu leben.

Wir sollen heiter Raum um Raum durchschreiten,
An keinem wie an einer Heimat hängen,
Der Weltgeist will nicht fesseln uns und engen,
Er will uns Stuf' um Stufe heben, weiten.
Kaum sind wir heimisch einem Lebenskreise
Und traulich eingewohnt, so droht Erschlaffen,
Nur wer bereit zu Aufbruch ist und Reise,

Mag lähmender Gewöhnung sich entraffen.
Es wird vielleicht auch noch die Todesstunde
Uns neuen Räumen jung entgegen senden,
Des Lebens Ruf an uns wird niemals enden ...
Wohlan denn, Herz, nimm Abschied und gesunde!

Hermann Hesse

Solche Stufen des Lebens sind notwendig und kennzeich-
nen eine neue Phase im Leben eines Menschen. Übergänge stehen zwischen solchen Lebensabschnitten – und der
Übergang braucht Zeit.

Die alte Ordnung kann nicht schlagartig durch eine
neue Ordnung ersetzt werden. Dort, wo noch etwas ist,
kann ich nicht einfach etwas Neues dazutun, ich kann
nicht eine neue Ordnung auf die alte »draufsetzen«. Die
alte Ordnung vergeht, verwächst sich, verschwindet –
um einer Leere Platz zu machen. Da ist erst mal nur die
»Nicht-Ordnung«. Diese Leere gilt es auszuhalten. Erst
allmählich kann dann in diesen freien Raum etwas Neues
hineinwachsen, findet sich eine neue Ordnung. Aber alles, was wachsen soll, braucht Raum, um zu wachsen –
und braucht Zeit. Pubertät, die erste Arbeitsstelle, Hochzeit, die Geburt des ersten Kindes, die Wende der Lebensmitte, Pensionierung und Alter, all das sind Übergänge
zwischen verschiedenen Entwicklungsstufen des Menschen und entsprechende Chaos-Situationen, in denen es
gilt, manchmal durchaus schmerzhaft, von einer Lebens-

phase Abschied zu nehmen, eine bestimmte Ordnung loszulassen – um sich dem Neuen zuzuwenden. Wer sich dieser Weiterentwicklung verschließt, kann nicht »gesunden«, wie es Hesse sagt. Und dann mag es passieren, dass junge Mädchen magersüchtig werden, weil sie sich damit auf ihre Art und Weise weigern, Frau zu werden. Da mag mancher 45-Jährige plötzlich Kreislaufschwierigkeiten bekommen, weil er sich selbst immer noch unter Überdruck stellt, meint, die perfekte Leistung erbringen zu müssen. Da mag einer, der allein in seinem Beruf seine Identität gefunden hat, mit der Pensionierung auch an gebrochenem Herzen sterben.

»Bereit zum Abschied sein und Neubeginne«, so sagt es Hermann Hesse. Jeder Übergang ist Abschied und Neubeginn – und das Chaos ist der Übergang von einer Ordnung zu einer anderen.

abschied

und ganz
behutsam

nehme ich
stein für stein

aus meinem
rucksack heraus

und mit einer träne
ziehe ich

meine wurzeln
zurück

und mit jedem stein
mit jeder träne

werde ich
leichter

und bereit
für den aufbruch

    und doch tut es
    unsagbar
    weh

Am dritten Tage
auferstanden ...

warum eigentlich
erst am dritten Tag

vielleicht
war er

einfach müde
vom leben

vielleicht
war er froh

einfach
schlafen zu dürfen

    oder vielleicht
    ist es
    so

    Tod
    und
    Auferstehung

    gehören
    zwar
    zusammen

sind aber
doch
nicht eins

auch das
»und«
braucht seine Zeit

Das Chaos annehmen

Vielen Menschen macht das Chaos Angst – und deshalb wenden sie oft viel Energie auf, das Chaos nicht zuzulassen, statt es anzunehmen und kraftvoll hindurchzugehen. Oft kann es dann geschehen, dass die »alte«, bisherige Ordnung umso rigider und starrer verteidigt und hochgehalten wird, je deutlicher sich das Chaos schon abzeichnet. Der Mann, Mitte Vierzig, der nicht alt werden kann und will und sich deshalb eine junge Freundin sucht, damit sie ihm das Gefühl vermittelt, immer noch ein »toller Hecht« zu sein. Die Frau, die sich verzweifelt an den jüngsten Sohn klammert, ihn dazu verführen will, doch daheim wohnen zu bleiben – statt ihn zu ermutigen, seinen eigenen Weg zu gehen. Die Witwe, die das Arbeitszimmer ihres verstorbenen Mannes zu einem Museum macht, weil sie dieses Zimmer an ihren Mann erinnert. Der Priester, der dunkel spürt, dass seine Berufung nicht mehr trägt – und umso strenger an Gesetz und Ordnung und Vorschrift festhält.

Das gilt auch für soziale Systeme. Das Neue und Andere macht Angst, man weiß nicht, was kommt, und hält umso energischer am Bisherigen fest. Die alte Volkskirche ist passé – ein neues Bild von Kirche ist scheinbar noch nicht in Sicht. Und so wird mancherorts versucht, das Alte noch ein bisschen fester zu halten, die erhaltenden Kräfte zu stärken, durch Lehr- und Diskussionsverbote sich schwierige Themen vom Leib zu halten, statt kraftvoll die Nicht-Ordnung zuzulassen und Visionen zu entwickeln, die Mut zur Zukunft machen.

Eine Pfarrgemeinde trauert so den früheren Zeiten nach, als sie noch einen eigenen Pfarrer hatten, dass sie sich sämtlichen neuen Ideen verschließt. Ein Priester will nicht wahrhaben, dass sich die gesellschaftliche Situation von Kirche und Familie verändert hat und dass es deshalb möglicherweise ganz neue Wege der Sakramentenkatechese braucht – stattdessen will er den Gottesdienstbesuch der Erstkommunikanten erzwingen. Bildungsreferenten versuchen verzweifelt, die herkömmlichen Formen von Bildungsarbeit zu stabilisieren und zu verbessern – statt nach neuen Möglichkeiten zu suchen. Eine Diözese führt eine »Diözesansynode« oder ein »Forum« durch – und füllt doch halbherzig den neuen Wein wiederum nur in die alten Schläuche.

Manchmal reicht schon allein die Fantasie davon, dass ein mögliches Chaos entstehen könnte, aus, um sich verzweifelt an der alten Ordnung festzuhalten, die Augen zuzumachen, die Wirklichkeit nicht wahrhaben zu wollen, sich tot zu stellen. Der Brief, in dem etwas Unangenehmes stehen könnte, wird nicht aufgemacht und an die Seite gelegt, man ignoriert die Schmerzen in der linken Brust und geht nicht zum Arzt, der kritische Referent wird seitens der Kirchenbehörde von der Akademietagung ausgeladen (oder vielleicht schon gar nicht erst eingeladen), der Pfarrgemeinderat spricht sich gegen die Anschaffung eines Sofas für den Jugendclub aus. Wer weiß auch schon, was dann gegebenenfalls alles passieren könnte?

Man möchte die alte Ordnung aufrechterhalten oder dahin zurückkehren. Das gilt auch für Gruppen. Ein neues Ehepaar in einen Kegelclub oder einen Familienkreis zu integrieren, der schon Jahre besteht, ist fast unmöglich – denn alles Neue bringt ja die bewährte Ordnung durcheinander. Vor Jahren versuchte ich einmal, Anschluss an eine geistliche Gruppe von Laien zu finden, die Formen des Zusammenlebens ausprobierten. Um zu verstehen, warum sie es so machen, wie sie es machten, fragte ich natürlich nach. Mit dem Ergebnis, dass ich an dem ersten Wochenendtreffen der Gruppe, an dem ich nicht dabei sein konnte, mit einem Brief, der aus zwei Sätzen bestand, höflich, aber ohne Angabe von Gründen, hinauskomplimentiert wurde. Die einzige Erklärung, die ich damals dafür fand, war tatsächlich die, dass meine Fragen die Gruppe so verunsichert und in ihrer vermeintlichen »Ruhe« gestört hatten, dass sie keine andere Möglichkeit des Handelns sahen. Aber diese Art von »Ruhe« ist wahrscheinlich eher eine »Grabesruhe«, denn eine solche Gruppe ist auf Dauer nicht überlebensfähig, weil sie nicht mehr anpassungsfähig ist. Ihre Grenzen, die ihr eigentlich Identität geben wollen, sind zu Mauern geworden.

Der Wunsch, zu der alten Ordnung zurückzukehren, in der alten Ordnung zu bleiben, ist so alt wie die Menschheit. Die Bibel erzählt uns in der Exodus-Geschichte davon: Mose führt das Volk der Israeliten aus der Sklaverei in Ägypten heraus, sie verlassen die alte Ordnung. Aber ihr Weg führt nicht direkt ins Gelobte Land, wo Milch und Honig fließen – sie müssen durch die Wüste, das »Chaos« – und wünschen sich zurück an die »Fleischtöpfe Ägyptens«. Manchmal führt das Chaos, das Neue und Andere, auch dazu, dass man die »alte Ordnung« verklärt und zurück will.

In Deutschland gibt es zum Beispiel eine »Ostalgie«-Welle. Das Wort setzt sich aus den beiden Wörtern »Nostalgie« und »Osten« zusammen und steht für eine bestimmte Sehnsucht nach dem, was Menschen damals in der DDR erlebt haben und in der Erinnerung jetzt positiv besetzt wird. In Online-Shops werden DDR-Produkte verkauft, es gibt entsprechende Partys und Veranstaltungen. Manche Fachleute sagen, dass die damalige Auflösung der DDR zu schnell ging, so dass die Zeit für einen Übergang nicht gegeben war. Andere meinen, dass manche Menschen, denen die strikte Ordnung des totalitären Staates vertraut war, von der neuen Offenheit und Freiheit so verunsichert sind, dass sie sich in die alte Ordnung zurückwünschen.

Die Bibel aber bietet ein drastisches Bild für eine solche Situation. Lot, der Neffe von Abraham, wird von Gott aufgefordert, die Stadt Sodom zu verlassen und mit seiner Frau und seinen beiden Töchtern zu fliehen, da der Herr die Stadt aus Strafe vernichten will. Aus ihrer bisherigen Ordnung müssen sie aufbrechen in das Unbekannte und Ungewisse hinein. Und mitten im Fliehen dreht sich Lots Frau um, schaut zurück und erstarrt zur Salzsäule (Genesis 19,26). Wer im Alten, Bisherigen bleiben will, nicht bereit ist für den neuen Lebensabschnitt, den neuen Aufbruch, der erstarrt, der wird zur Salzsäule, der wird handlungsunfähig, oder wie es im Neuen Testament heißt: »Keiner, der die Hand an den Pflug gelegt hat und nochmals zurückblickt, taugt für das Reich Gottes.« (Lukas 9,62)

Es sind herbe Worte – und doch, denke ich, in all ihrer Zumutung wissen sie etwas vom Leben. Ich kann und darf das Alte nicht festhalten, darf mich am Alten nicht festhalten. »Ein jegliches hat seine Stunde, für jedes Geschehen unter dem Himmel gibt es eine bestimmte Zeit« (Kohelet 3,1). Das, was vergangen ist, vergehen lassen, sich dem Neuen stellen, schauen, wie ich Bewährtes, in anderer Form vielleicht, mitnehmen kann – aber mich dem Aufbruch nicht verweigern.

Es gilt, sich kraftvoll dem Neuen, dem Anderen, zu stellen – dafür braucht man die ganze Energie. Ich kann nicht beides haben, das Alte und das Neue. Das Alte war und hat seine Zeit gehabt. Und es war gut so. Doch jetzt steht Neues, Anderes an, und dieses Neue kann ich nur bewältigen, wenn ich mit ganzem Herzen, mit ganzer Kraft dabei bin.

Halbherzigkeit ist keine christliche Tugend.

Das ist keine Abwertung des Alten. Es hat das Alte gebraucht, um zu diesem Punkt, an diesen Ort zu kommen. Insofern kann ich durchaus auch dankbar sein. Nun aber geht es um Neuland – und das will mich ganz.

Nehmt Neuland unter den Pflug!
Es ist Zeit, den Herrn zu suchen.
Hosea 10,12b

Dem Ahnen nachgehen

Neuland
fremd und unbekannt

Wildnis
verwachsen
überwuchert
Sträucher
Bäume
Zweige

kein Durchkommen
dicht an dicht

und doch ein Hinweis auf neue Erde
unvergiftet
unverbraucht
fruchtbar
reich an Möglichkeiten

mir ein Herz fassen
ins Unbekannte hinein
auf der Suche nach dem
was noch nicht ist

roden
mir einen Weg bahnen
Platz machen
wegräumen
Gewachsenes entwurzeln
das Unterste
zuoberst kehren
umbrechen

Raum schaffen
Kraft einsetzen
mich mühen
Schweiß und Tränen
Arbeit und Mühe
Ordnung schaffen

und manchmal die Frage
wozu eigentlich

es ist Zeit
den Herrn zu suchen

um
vielleicht
zu finden

um
vielleicht
zu ernten

Doch lieber bleiben?

Als ich im Herbst 2011 zwischen zwei Afrika-Aufenthalten in Deutschland war, viele Termine, viele Kontakte hatte, kam es irgendwie besonders häufig vor, dass mich Menschen auf etwas ganz Konkretes hin anfragten. Ein junger Medizinstudent wollte ein Praktikum in einem Krankenhaus in Südafrika machen – ob das möglich sei? Ja, sagte ich, schon denkbar, schick mir eine Mail, die ich dann weiterleiten kann. – Eine junge Physikstudentin fragte mich, ob ich einen Ort wüsste, wo sie ein Semester lang irgendwas mit den Händen machen könnte, nicht mit dem Kopf, und dabei spirituell begleitet werden könnte. Ja, könnte ich mir vorstellen, schick mir eine Mail. was du dir denkst und erwartest. – Und ein junger Mann erkundigte sich, ob geistliche Begleitung durch mich möglich wäre ... Ja, eventuell schon ... es kommt darauf an, wo es mich beruflich hinverschlägt. Frag mich bitte in vierzehn Tagen noch mal per Mail an, dann weiß ich Näheres.

Drei Anfragen in kürzester Zeit, wo ich Menschen zugehört und mir Gedanken gemacht habe – und wirklich Möglichkeiten gesehen habe.

Keiner von den dreien hat eine Mail geschickt.

Es mag Zufall gewesen sein, vielleicht haben sie andere Möglichkeiten gefunden ...

Aber es kann auch sein, dass das mit dem Aufbruch vielleicht doch gar nicht so einfach ist.

Ja, man kann viel rumträumen, rumspinnen, erste Erkundigungen einziehen. Und schafft es dann doch nicht, es konkret werden zu lassen. Einen neuen Aufbruch wagen?

Und irgendwie hatte ich in diesen Tagen die Fantasie, dass es Gott vielleicht manchmal ähnlich geht. Ich spreche ihn an, taste mich mit meinen neuen Ideen vor – und er hört zu und sagt: »Schon denkbar! Schick mir eine Mail – und sag mir, was du willst!«

Könnte es sein, dass ich gerne die Verantwortung für meinen Aufbruch an andere delegieren würde? Mach du, regle du, ich geb es dir!

So aber geht es nicht.

Niemand kann für mich aufbrechen.

Ich muss sagen, was ich will. Und ich muss den nächsten Schritt tun.

Ich muss aufbrechen – und mich dabei vielleicht auch aufbrechen lassen.

Einen neuen Aufbruch wagen ... träumen allein reicht nicht.

Mach wenigstens den nächsten Schritt ... schreib die Mail.

»Wat dem eenen sin Uhl,
is dem annern sei Nachtigall« (Volksmund)

Nochmal einen Schritt zurück: Was ist Chaos? Was ist Ordnung?

Es gibt Menschen, die, von außen betrachtet, ausgesprochen chaotisch leben. Manchmal hat man fast den Eindruck, sie hätten das Chaos zum Prinzip erhoben. Das Zusammenleben und -arbeiten mit solchen Menschen ist garantiert interessant, aber manchmal nicht so ganz einfach.

Bernd zum Beispiel – jede Verabredung mit ihm ist ein mittleres Abenteuer, weil man nie genau weiß, ob er denn nun wirklich kommt, und wenn er kommt, wann er kommt. Und am nächsten Tag, nach langen Stunden der Warterei, des bangen Fragens ›Es wird doch hoffentlich nichts passiert sein?‹, erreicht man ihn schließlich am Telefon, nur um dann zu hören, dass man sich ganz bestimmt erst für die nächste Woche verabredet habe. So felsenfest überzeugt vorgetragen, dass man selbst ganz unsicher wird. Sollte man sich wirklich so vertan haben?

Susanne dagegen ist die absolute Erfinderin von Ausreden, warum dies oder das jetzt nun gerade nicht möglich war, obwohl man es doch miteinander vereinbart hatte. Die Ausreden wiederum sind so klasse, dass ich schon ganz gespannt darauf warte, was ihr denn nun wohl wieder eingefallen ist. Bei ihr tut es nicht einfach ein Verschlafen oder Nicht-dran-gedacht-Haben. Nein, da haben doch tatsächlich infame Bauarbeiter Steine vor dem Garagentor abgeladen, so dass sie nicht mit dem Auto wegkonnte – der Geldautomat hat einfach die Karte einbehalten, obwohl doch auf dem Konto alles in Ordnung war – beim Buchhändler war gerade das gesamte Computerprogramm abgestürzt, so dass sie das Buch nicht bestellen konnte. Man hört es, denkt sich, na ja, könnte ja schon mal sein – aber wie kommt es nur, dass immer ihr solche Sachen passieren?

Christian dagegen kann einen zum Wahnsinn treiben, indem er grundsätzlich keine Nachricht auf dem Anrufbeantworter beantwortet und wie versprochen zurückruft, wie er mit so netter Stimme auf seinem Ansageband ankündigt. Wenn man was Eiliges von ihm will, dann hat es sich inzwischen als sinnvoll erwiesen, lieber zu schreiben. Da liegt die Erfolgsquote immerhin bei 20 Prozent.

Und ich will mich selbst gar nicht ausschließen – mein Arbeitszimmer ist so chaotisch, dass außer mir dort wahrscheinlich kein Mensch arbeiten könnte, aber interessanterweise weiß ich ungefähr, wo was ist – und es passiert mir selten, dass ich wichtige Unterlagen einmal nicht finde.

Das Chaos, das sich da auftut, ist nur scheinbar ein Chaos. Im Gegenteil, das Chaos hat System – für denjenigen, der es lebt. Das Chaos ist da tatsächlich schon so zum Prinzip geworden, dass in dem scheinbaren Chaos bereits wieder Ordnung ist. Irgendwie, man kann sich fast schon drauf verlassen, dass Bernd zu spät oder gar nicht kommt, dass Susanne wieder irgendwas Spannendes passiert ist, dass Christian auf Nachrichten auf dem Anrufbeantworter sowieso nicht reagiert, dass überall dort, wo ich arbeite, um mich herum ein Durcheinander an Zetteln, Büchern, Papier entsteht – das, was anderen manchmal als Chaos erscheint, hat für die Betreffenden durchaus eine ganz eigene Ordnung. Aber weil die Ordnung des anderen eben nicht meine Ordnung ist, definiere ich die mir fremde Ordnung kurzerhand als Chaos, denn so könnte ich ja nie leben!

Mit dieser Definition »Mein ist die Ordnung, dein ist das Chaos« steht man dann wiederum, herkömmliche gesellschaftliche Bewertungen übernehmend, selbst ganz gut da. Ich hab ja meine Ordnung. Das System funktioniert ausgesprochen erfolgreich und ist vielversprechende Grundlage zahlloser Endloskonflikte. In meiner vertrauten Ordnung beheimatet, erlebe ich fremde Ordnungen als Angriff – und die Abwertung des Fremden war schon immer eine gute Möglichkeit, sich nicht damit auseinandersetzen zu müssen. Dieses Gesetz gilt für Einzelne wie für Gruppen, für Staaten und Religionen. »Wie kann man nur …!« lautet der dazu passende empörte Ausruf, um dann anschließend in wohlgefällige Selbstgerechtigkeit zu verfallen. Zugegeben, es wäre einfacher, wenn man sich im menschlichen Miteinander auf ein paar Grundregeln verständigen und sich auf deren Einhaltung sogar noch verlassen könnte. Aber es könnte auch sein, dass dies schon wieder mein Wunsch nach Ordnung ist.

Das Dumme an der ganzen Sache ist, dass meine chaotischen Freunde ausgesprochen liebenswerte und kreative und kompetente Menschen sind, wenn man mal davon absieht, dass …

Die Kraft der Rituale

Auf dem Weg von einer Ordnung zur anderen gibt es Übergänge, ein »Dazwischen«. »Vom einen Ufer abgefahren, am anderen noch nicht angekommen«, so sagt es der Volksmund. Die »Überfahrt« kann sehr ruhig verlaufen, manchmal fast unbemerkt, aber es kann dabei auch durchaus sehr stürmisch und chaotisch zugehen. Wie der Übergang jeweils gelingt, mag von dem jeweiligen Menschen abhängig sein, seiner Biografie, dem, was ihn hält und trägt, woran er glaubt, von konkreten Lebensumständen und möglichen Faktoren mehr.

Dort, wo Menschen um solche Übergänge wissen, entwickeln sie oft bestimmte Rituale, um sie zu gestalten. Das gilt sowohl für Einzelne wie auch für Gruppen oder gar eine Gesellschaft. Die Übergangsrituale sind sozusagen eine Art »Hilfs- oder Notordnung« mitten im Chaos. Sie begrenzen das Chaos, unterstützen das Überleben in der ungewohnten Situation, wollen dabei helfen, dass man gut von einer alten Ordnung Abschied nimmt, damit die neue Ordnung heranwachsen kann.

Die Bräuche, die sich um den Tod herum entwickelt haben, sind dafür ein sprechendes Beispiel. Der Tod eines Menschen ist in aller Regel für Angehörige und Freunde schmerzlich und ein deutlicher Einschnitt im Leben. Und je unverhoffter der Tod ins Leben getreten ist, umso chaotischer kann die Situation für alle Beteiligten sein. Da kann es entlastend sein, in allem Schmerz, in allem Durcheinander, auf das zurückgreifen zu können, was »man dann halt macht«: Totenwache, den Verstorbenen für die Beerdigung waschen und anziehen, Todesanzeigen verschicken, die Anzeige in der Zeitung, Gottesdienst und Beisetzung absprechen, schwarze Kleidung anziehen, nach der Bestattung die Verwandten und Freunde zu einem Kaffee oder dem »Leichenschmaus« einladen, schließlich die Danksagungen verschicken. Je nach Gegend gibt es sehr unterschiedliche Bräuche und Gewohnheiten, aber in gewachsenen Gemeinschaften sind sie in aller Regel vorhanden und lebendig und helfen den Hinterbliebenen durch das Chaos hindurch. So gab es zum Beispiel am Wiesbadener Nordfriedhof in meiner Jugend ein Gasthaus mit dem Namen »Zur letzten Träne« – es gehörte zu einer Beerdigung dazu, dass man mit der Trauergesellschaft dort anschließend einkehrte.

Dort, wo solche Bräuche nicht mehr lebendig sind, müssen die Menschen, die davon betroffen sind, »Traditionen« neu »erfinden«. Und das kostet Kraft, die man eigentlich in so einer Situation nicht hat. Wenn »keine Trauerkleidung erwünscht« auf der Karte steht, muss man anfangen zu überlegen, was man denn passenderweise anzieht. Wenn Menschen möglichst viel individuell gestalten wollen, ist das Anliegen durchaus zu verstehen – aber dann gilt es eher die Frage zu stellen, ob der Leiter der Trauerfeier in der Lage ist, das zu tun und in die Feier zu integrieren. Ein »Ritual« soll ja gerade dabei helfen, dass diejenigen, die von Tod und Trauer betroffen sind, jetzt nicht auch noch groß nachdenken müssen, was zu tun ist. Es will »ent-lasten«, also Lasten wegnehmen.

Eine solche »Hilfsordnung« war wohl früher auch der Polterabend. Für Braut und Bräutigam ist die Hochzeit ein feierlicher Übergang von einer alten zu einer neuen Ordnung. Aus dem Elternhaus ausziehen, miteinander einen neuen Hausstand, eine Familie gründen, etwas Bisheriges verlassen – und sich auf etwas Neues einlassen, von dem man, bei allen Liebes- und sonstigen Gefühlen, doch noch nicht so recht weiß, wie es denn werden wird. Der Polterabend ist das »Chaos dazwischen«, das dabei helfen soll, Abschied zu nehmen – manches muss zerbrechen oder gar zerbrochen werden, damit Neues beginnen kann. Und so ist es auch gar kein Wunder, dass dieses Ritual aufgrund der veränderten gesellschaftlichen Situation teilweise seinen Sinn verloren hat oder manchmal auch »missbraucht« wird. Wenn ein Paar schon jahrelang zusammenlebt und nun die Hochzeit als rechtlich-feierlichen Akt versteht, der die bestehende Ordnung lediglich legalisiert, wird der Polterabend als Hilfe zum Übergang sinnlos. Dann kann er ein schönes Fest sein, aber die ursprüngliche Idee ist gar nicht mehr notwendig. Und nur so ist auch erklärbar, dass sich mancherorts dieser Abend eher zu einer Last für das Brautpaar entwickelt hat, statt zu einem »unterstützenden Ritual« – und eine Last wird es, wenn man am Abend und am nächsten Morgen stundenlang den Hof fegen, Papierstreifen aus Baumästen entfernen und gleich vorneweg einen Abfallcontainer bestellen muss. So erstaunt es mich nicht, dass in manchen Gegenden der Brauch des Polterabends zusehends schwindet.

Auch Silvester ist ein Übergangsritual: Im Übergang von einem Jahr zum anderen erzeugt man »Chaos«, indem man Krach macht, Raketen in die Luft schießt, die Kirchenglocken um Mitternacht läuten lässt. Natürlich wissen wir, dass dies so eine Art »künstliches Chaos« ist und freuen uns in aller Regel entsprechend daran ... aber was mögen Hund und Katze darüber denken? Oder auch Menschen, die dement sind, nicht mehr wissen, was Silvester ist – und die von der ganzen Knallerei an Kriegszeiten erinnert werden mögen? Chaos pur ...

Menschen ahnen um die grundsätzlich heilende Kraft von Übergangsritualen. Deshalb sind, quer durch alle Kulturen, gerade an Übergängen im Leben auch entsprechende Rituale angesiedelt, wie die Jugendweihe in der ehemaligen DDR oder die Initiationsriten der Indianer. Und auch die christlich-kirchlichen Rituale sind genau an solchen Übergängen und Brennpunkten angesiedelt: Taufe als Feier des neuen Lebens, Firmung und Konfirmation als »Initiationsriten«, die Jugendliche in die Welt der Erwachsenen aufnehmen, das Sakrament der Ehe, Krankensalbung, schließlich Beerdigung. Und es mag auch nicht von ungefähr kommen, dass gerade an solchen Übergängen auch von ausgesprochen kirchenfernen Menschen die heilende, zusagende Wirkung dieser kirchlichen Rituale gesucht wird – wer sonst hätte in solchen Situationen noch was zu sagen? Aus Sicht der Sakramentenkatechese kann man durchaus diese Realität beklagen – man könnte sie aber auch deuten und verstehen als Dienst der Kirche an den Menschen in nicht immer leichten Übergangssituationen.

Dort, wo Kirche mit ihren Ritualen nicht mehr gefragt ist, entwickeln sich neue und andere rituelle Formen. Diejenigen, die keine christliche Beerdigung mehr wünschen, können mittlerweile durchaus auf professionelle »Trauerredner« zurückgreifen.

Auch Gruppen können manchmal Rituale entwickeln, um Übergänge gut zu gestalten. In der Projektmethode der Deutschen Pfadfinderschaft St. Georg (DPSG) wird jedes Projekt mit einem Fest beendet, man feiert den Abschluss, um sich gut auf Neues einlassen zu können. Und überall dort, wo es um mehr als eine formelle Aufnahme in eine Gruppe geht, gibt es auch Rituale dafür, wie zum Beispiel eine Versprechensfeier.

Und dann gibt es noch die ganz persönlichen, »kleinen« Übergänge mit ihren ganz eigenen Riten und Traditionen. Für mich ist mein Geburtstag und der Jahreswechsel eine Zeit des Innehaltens, der Rückbesinnung, der Neu-Orientierung. Da gehört es dazu, mindestens eine Stunde Zeit für mich alleine zu haben, das Tagebuch mit den Aufzeichnungen des vergangenen Jahres durchzublättern, den Kalender in Blick zu nehmen: Was war, was steht an? Da gehört nach Möglichkeit ein Gottesdienst dazu – und, komischerweise, obwohl ich den sonst überhaupt nicht mag, ein Glas Sekt.

Interessant finde ich, dass es an dieser Stelle in meinem Leben gerade eine Veränderung gibt. Geburtstag und Jahreswechsel – recht und schön. Aber für mich werden zunehmend die Karwoche und Ostern, Weihnachten, mein Namenstag zu Festen, die einen Unterschied in meinem Leben machen und genau deshalb nach gestaltenden Ritualen rufen – und sie ganz großzügig von dieser Kirche auch bekommen. Für diese Unterstützung bin ich dankbar.

Schade, dass es für manche Übergangsphasen in unserem Leben keine Rituale gibt, wie zum Beispiel die Lebensmitte oder die Pensionierung. Warum eigentlich? Wollen wir diese Lebensstufen verdrängen, weil sie uns an Alter und Tod erinnern? Und im Nachhinein bedauere ich auch, schon mit 14 Jahren gefirmt worden zu sein. Irgendwann, so mit 25 Jahren habe ich gedacht: Es wäre jetzt eigentlich gut, wenn es da irgendwas gäbe, was meiner Entscheidung für Gott nun auch Zeichencharakter geben könnte – und ich suche auch heute mit einer ganz neuen, grundlegenden Entscheidung für Gott und diese Kirche, nach einem solchen Zeichen. Für meine Situation habe ich meine eigene, persönliche Lösung gefunden – aber vielleicht gäbe es ja wirklich über die Erneuerung des Taufversprechens in der Osternacht hinaus auch noch andere Möglichkeiten, sich öffentlich zu seinem Christ-Sein zu bekennen, sich mitten im Wechsel des Alltags und der Alltäglichkeiten zu der Ordnung zu bekennen, die uns durch alles Chaos hindurch trägt.

Bräuchten wir nicht auch so manches neue Ritual für die neuen Lebenssituationen, in die wir hineingestellt werden?

Chaos und Kreativität gehören zusammen

Klar, wer immer das macht, was er schon immer gemacht hat – und wie er es immer gemacht hat –, muss nicht groß überlegen, wie man etwas macht. Menschen, die immer in ihrer alten Ordnung bleiben, die sich nicht neuen Situationen aussetzen, werden auch keine neuen Handlungsmöglichkeiten lernen – denn sie brauchen sie ja nicht.

Erst das Neue, das Andere zwingt uns dazu zu überlegen, wie wir diese Situation jetzt bewältigen können. Wer in Deutschland Urlaub macht, kennt sich aus ... und Schnitzel, Pommes und Salat wird er wohl fast überall bekommen. Das kleine Restaurant auf einer griechischen Insel, in dem es noch nicht einmal eine Speisekarte gibt, erfordert schon mehr Engagement und Kreativität, um dort etwas zu essen zu bekommen, was man mag. Aber auch dort ist noch niemand verhungert ... irgendwie schafft man es schon. Irgendwelche englischen oder französischen Worte fallen einem schon ein, und notfalls tun es auch Gesten oder man schaut einfach in die Kochtöpfe ...

Dort, wo Menschen oft mit für sie neuen Situationen konfrontiert werden – oder sie bewusst suchen, um sich konfrontieren zu lassen! –, erweitert sich ihr Handlungsspielraum und damit auch ihr Denken. Nicht umsonst sagt man den Bewohnern von Hafenstädten nach, dass sie besonders »offen« sind. Kein Wunder: Schiffe kommen und gehen, bringen Menschen mit sich, deren Sprache man nicht spricht, die andere Gewohnheiten haben, es gibt plötzlich Gewürze, die man nicht kennt, und man soll Münzen in Zahlung nehmen, die man noch nie gesehen hat! Mit »Das haben wir aber noch nie gehabt!« kommt man da nicht weit. Und man selbst sieht die Schiffe ein- und auslaufen – und fragt sich dann gelegentlich schon: Warum eigentlich nicht an Bord gehen – und mitfahren? Irgendwohin? Und in einer Hafenstadt stellen sich solche Fragen natürlich eher als im abgelegenen Schwarzwaldtal.

Wer gezwungen ist, sich immer wieder auf wechselnde Situationen einzustellen, der bleibt »beweglich«. Und der trainiert seine Kreativität, genau damit umzugehen.

Und manche Künstler brauchen geradezu ein gewisses Chaos, manchmal in sich, manchmal um sich herum, um kreativ sein zu können …

Okay – Kreuzworträtsel und Sudoku mögen das vielleicht auch erfüllen. Aber interessant ist ja schon, dass dann meine Kreativität schon wieder durch einen Rahmen oder Kästchen begrenzt ist.

Neues will Neues von mir.

Das Chaos trainieren

Menschen wussten und wissen darum, dass das Chaos aus dem Leben nicht herauszuhalten ist. Es braucht manches Chaos, um sich selbst weiterentwickeln zu können, zum Beispiel Entwicklungskrisen. Es gibt Dinge, die auf unser Leben einwirken, auf die wir nur wenig oder gar keinen Einfluss haben, Unfälle, Krankheiten, Kündigungen, Trennungen. Es gibt Angst und Einsamkeit. Und solange es den Tod gibt, bleibt das Chaos als Übergang zu einer letzten Ordnung.

Im Wissen darum haben Menschen sich immer wieder bewusst einem begrenzten Chaos ausgesetzt, um sozusagen »chaosfähiger« zu werden, um mehr »Gestaltungskräfte« zu haben, wenn das wirkliche Chaos über sie hereinbricht. So, wie man mit Wechselbädern und gesunder Lebensweise die körpereigene Immunabwehr trainieren und unterstützen kann, kann man auch das Chaos trainieren.

Joanne Wieland-Burston erzählt in ihrem Buch »Chaotische Gefühle – Wenn die Seele Ordnung sucht« (Kreuz Verlag, Stuttgart 1992) von einem Volksstamm in Indien, der einmal im Jahr für 24 Stunden die bestehende Ordnung auf den Kopf stellt: Die Eltern schlüpfen in die Rolle der Kinder, die Kinder werden zu Eltern, der Stammesoberste wird zum Niedrigsten, der Niedrigste bekommt die Befehlsgewalt. Und nach 24 Stunden ist alles vorbei – und man stellt, mehr oder weniger erstaunt, fest, dass man es überlebt hat.

Im christlichen Bereich gibt es einen vergleichbaren Brauch. So ist es in manchen Klöstern noch üblich, dass am Fest der Unschuldigen Kinder (28. Dezember) für 24 Stunden die Ordnung umgekehrt wird. Der jüngste Novize bekommt das Sagen, und alle, auch der Abt, müssen gehorchen. 24 Stunden – und dann ist es vorbei. Aber innerhalb dieses Zeitraumes muss dann gegebenenfalls auch der Abt einmal den Schweinestall ausmisten – sofern es denn heutzutage dort noch einen Schweinestall gibt.

Dort, wo Fastnacht nicht zur Konsumveranstaltung verkommen ist, kann man noch etwas von dieser Idee ahnen: Für eine begrenzte Zeit übernehmen die Narren das Regiment, die Stadtschlüssel werden ihnen übergeben, der Bürgermeister wird abgesetzt. Und am Aschermittwoch ist alles vorbei. Man wacht, vielleicht mit schwerem Kopf und leichterer Geldbörse, auf, aber weiß, jetzt ist wieder die Ordnung angesagt. Und man hat all das Durcheinander durchaus überlebt.

Es scheint ein altes Wissen zu sein, sich ab und an mal bewusst auf das Chaos einzulassen, es vielleicht sogar zu initiieren, um lebensfähiger zu sein, wenn dann das wirkliche Chaos hereinbricht.

Das Chaos trainieren, um besser mit Neuem und Ungewohnten umgehen zu können.

Exkurs: Der dunkle Feiertag

Das Chaos ist der Übergang zwischen zwei Ordnungen. Und genau in diesen Gedanken passt auch die »Idee« des Osterfestes hinein. Ganz offiziell haben diese Tage den Namen »Die drei Österlichen Tage vom Leiden, Sterben, der Grabesruhe und der Auferstehung unseres Herrn Jesus Christus« – und das deutet schon darauf hin, dass zur neuen Ordnung des Ostermorgens das Chaos und die Zeit »dazwischen« dazu gehören.

Lange Zeit habe ich mich mit Karfreitag schwergetan – ein dunkler Feiertag. Und wieso überhaupt »Feiertag«? Was kann man denn am Karfreitag feiern? Das Kreuz, das Leid? Die englische Sprache sagt es noch deutlicher: Dort heißt der Karfreitag »Good Friday«, also »Guter Freitag«. Der Tag der Kreuzigung – Feiertag für uns heute?

Die Gedanken zu Chaos und Ordnung haben mir auch hier weitergeholfen. Gott kann das Chaos in unserem Leben nicht wegnehmen und uns nicht ersparen, will er uns nicht wesentliche menschliche Erfahrungen damit vorenthalten. Der Tod gehört existenziell zu unserem Mensch-Sein, Krankheit und Einsamkeit können wichtige Lebenserfahrungen beinhalten, es gibt entwicklungsbedingte Krisen, durch die wir hindurchmüssen, wenn wir eine nächste Lebensstufe erreichen wollen. All diese Dunkelheiten kann Gott nicht »wegzaubern«.

Und da mögen auch manche Gebete durchaus in die falsche Richtung gehen. Gott kann und wird mir den Tod meiner Eltern nicht ersparen, er wird auch die Diagnose des Arztes nicht einfach im Nichts verschwinden lassen oder die Ergebnisse des Bluttests. Gott nimmt mir nicht die einsamen Stunden und die Tränen, er erspart mir die Sinnfrage nicht, die Erfahrungen von Heimatlosigkeit und absoluter Verzweiflung. Gott nimmt mir meine Dunkelheiten nicht.

Und vielleicht ist das auch ganz gut so. Mir würde manche wichtige Erfahrung fehlen, wenn es diese dunklen Stunden in meinem Leben nicht gegeben hätte, mancher Schritt wäre nicht gegangen worden, wenn nicht gerade in solchen Nächten die Sehnsucht und die Kraft gewachsen wäre.

Das für mich viel Entscheidendere aber ist: Gott nimmt mir zwar meine Dunkelheiten nicht, aber er begleitet mich durch sie hindurch. Er geht mit mir, er trägt mich dort, wo ich den Boden unter den Füßen verloren habe, er verlässt mich nicht. Und genau das ist das Geheimnis des Karfreitags.

Karfreitag – das ist der Tag, an dem wir Gottes abgrundtiefe Solidarität mit uns Menschen feiern. Gottes Sohn selbst entzieht sich dem Dunkel nicht, er flieht nicht, lässt sich nicht von einer Heerschar von Engeln gen Himmel tragen. Er bleibt und hält aus, wird zum »heruntergekommenen Gott«, geht in das dunkelste Dunkel mit hinein, damit wir Menschen inmitten unseres Dunkels wissen, spüren, ahnen können: Gott geht mit.

Im Glaubensbekenntnis beten wir oft so ganz lapidar die Glaubensaussage: *Hinabgestiegen in das Reich des Todes*. »Hinabsteigen« – das Wort weckt möglicherweise falsche Assoziationen. Irgendwie verbinde ich damit immer eine Gräfin oder Schlossherrin, die elegant im Abendkleid eine breite Schlosstreppe hinabsteigt. »Hinabgestiegen in das Reich des Todes« – das ist ein Sturz, ein Schrei, mitten ins dunkelste Dunkel hinein. Dort, wo es für uns am dunkelsten ist, ist Gott möglicherweise am allernächsten.

Das ist abgrundtiefe Solidarität – im wahrsten Sinn des Wortes. Wenn Gott uns unsere Dunkelheiten schon nicht nehmen kann, dann will er wenigstens mit dabei sein, damit wir uns nicht verlieren. Gott selbst macht sich ohnmächtig – weil er den Menschen ihre Ohnmacht nicht nehmen kann. Gott geht mit – und geht voraus. Die Solidarität Gottes ist keine Schönwetter-Solidarität, sondern geht mit bis in den Tod hinein.

Das nimmt mir nichts von meinem Dunkel, nichts von den Tränen, der Einsamkeit, der Wut und den Schmerzen. Aber ich bin nicht mehr allein. Da ist Einer, der all dies durchlebt hat, um mir nahe zu sein in dem, was ich erlebe und erfahre.

Ostern kann nur mit und nach dem Karfreitag geschehen. Das Neue, das sich Bahn bricht, muss durch das Dunkel hindurch, wird durch das Dunkel vielleicht erst möglich. Karfreitag – dieser Gott geht mit. Er ist sich nicht zu fein oder zu majestätisch, um solche Erfahrungen weit von sich zu weisen. Er bleibt nicht auf irgendwelchen fernen Thronen sitzen, sondern begibt sich selbst in das Reich hinein, wo der Tod zu regieren meint, um uns Menschen herauszuholen, um mit uns unseren Weg zu gehen.

Das ist die Botschaft dieses Feiertags. Wir feiern eben nicht das Dunkel, das Leid, das Kreuz – sondern wir feiern Gottes abgrundtiefe Solidarität mit uns Menschen. Ein dunkler Feiertag, zugegeben, aber ein Feiertag.

Ostern – der neue Morgen, die neue Ordnung – muss durch das Chaos des Karfreitags hindurch und braucht die Grabesruhe, in der Auferstehung wachsen kann. Und dann, nur dann, ist Auferstehung, die neue Ordnung möglich.

Und Jesus Christus geht mit uns in das Licht des Ostermorgens. Er nimmt uns an die Hand und führt uns in die Auferstehung hinein – in die neue Ordnung, die durch das Chaos hindurchgegangen ist. Mehr noch: Auf Oster-Ikonen der Ostkirche wird Jesus Christus als derjenige dargestellt, der im Reich des Todes die Menschen regelrecht am Handgelenk packt und sie dort hinauszieht – hin zum neuen Leben.

Der Weg zum Leben geht durch den Tod hindurch – und Jesus Christus ist dabei.

Dunkler Segen

Segne du uns
dunkler Gott
du
der sich geheimnisvoll
unserem Begreifen entzieht
der du dein Antlitz vor uns verbirgst
unsere Fragen mit Schweigen beantwortest

segne du uns
dunkler Gott du
der du uns Zumutung und
Herausforderung bist
dessen Tun unergründlich bleibt
dessen Handeln sich unserem Begreifen entzieht

segne du uns
dunkler Gott
du
der du dich von uns abwendest
uns alleine lässt
uns leiden lässt
uns verwirrst und beunruhigst

segne uns
du dunkler Gott
du abwesender
schweigender

unfassbarer
harter
namenloser

segne du uns
dunkler Gott
damit wir den Mut haben
das Dunkel in uns wahrzunehmen
den eigenen Abgrund zu erspüren
der Nacht zu glauben
uns auf den Grund zu gehen

segne uns
dunkler Gott
indem du Einsamkeiten nicht nimmst
Sicherheiten erschütterst
Hoffnungen nicht erfüllst
Pläne durchkreuzt
Sehnsucht nicht stillst

segne uns
dunkler Gott
indem du unsere Träume verjagst
unsere Bilder zerreißt
Geborgenheit entlarvst
Erwartungen zerstörst
zum Aufbruch zwingst

segne uns
du dunkler Gott
segne die Sehnsucht
segne die Unerfülltheit
segne die Hoffnungslosigkeit

segne
du
mein Dunkel

und bleib mir
dunkler
treuer
Wegbegleiter

Darum hat auch Jesus, um durch sein
eigenes Blut das Volk zu heiligen,
außerhalb des Tores gelitten. So lasst
uns denn zu ihm hinausgehen vor das
Lager und seine Schmach tragen.
Denn wir haben hier keine bleibende Stadt,
sondern wir suchen die zukünftige.
Hebräer 13,12–14

Vor der Stadt

Den Schutz der Mauern verlassen
die Sicherheit der Häuser aufgeben
Abschied nehmen von der Vertrautheit
von Ruhe Ordnung Bürgerpflicht

herausgerufen
auf den Weg geschickt
mit ihm sein
im nicht mehr und noch nicht

Weite Wüste freies Feld
verletzbar schutzlos
empfindsam berührbar
verwundet irritiert

ergriffen angerührt
von deiner Verbundenheit

bis in den Tod
draußen vor der Stadt

von deiner abgrundtiefen
Solidarität mit dem Dunkel
der Menschen in Leid und Not
draußen vor der Stadt

du meinst mich
du willst mich
du rufst mich
du hast mich

und so gehe ich

verlass die Stadt
nehme Abschied lasse los
vertraue dir
verlasse mich

setz mich dir aus
geb mich dir hin
halte dich aus
geb mich dir preis

Weite Wüste freies Feld
nicht mehr und noch nicht
Verletzung Verheißung
draußen vor der Stadt

Tod Tanz und Traum
hingebendes Vertrauen
abgrundtiefe Verbundenheit
bleibende Hoffnung

Niemandsland
Gottesland
draußen
vor der Stadt

Exkurs: Chaos in Kirche und Gemeinden?

Vielleicht sind diese Gedanken auch eine Hilfe, um die derzeitige Situation der (katholischen) Kirche in Deutschland zu verstehen? Da ist viel »Chaos« im Moment, vieles ist im Umbruch, im Aufbruch. Noch »knabbern« manche an den Folgen des Zweiten Vatikanischen Konzils und trauern dem »Alten« nach – andere wären lieber schon längst zwei Schritte weiter und hätten gerne manche, aus ihrer Sicht längst überfälligen Reformen schon umgesetzt. Ein so großes »Schiff« wie die Kirche braucht aber auch Zeit für solche Kursänderungen, wie sie das Konzil angestoßen hat – und dazu kommt ja noch die weltweite Eingebundenheit. Die »Zulassung von Frauen zum Priesteramt« mag im deutschsprachigen Bereich und in Nordamerika ein Thema sein, in Südafrika und in Indien ist es definitiv kein Thema und wäre dort derzeit auch gar nicht durchsetzbar.

Zu diesem »Durcheinander« kommt jetzt noch in Deutschland die »Strukturreform« dazu, Gemeinden werden zusammengelegt, Kirchengebäude, die für Menschen eine Heimat bedeuteten, werden »aufgehoben«, das heißt »profaniert« und anderen Zwecken zugeführt. Das ist natürlich eine Anfrage an die Identität der Menschen vor Ort.

Und dann noch das Thema »Missbrauch«. Gut und wichtig, dass die Dinge ans Licht kommen, gut und wichtig, dass wir auf solche Fragen hin sensibel werden – aber damit wird für viele natürlich auch ihr Bild des Priesters »demontiert«. Und wir werden weniger … der »Priestermangel« geht mit einem »Gläubigenmangel« einher.

Ein bisschen viel »Chaos«, Wechsel und Übergang. Und von daher ist es sehr verständlich, dass der Ruf »zurück zur alten Ordnung« laut wird – und fundamentalistische Kreise und Organisationen durchaus Zulauf haben. Aber die alte Ordnung hält und trägt nicht mehr. Eine Kirche in der Form des 19. Jahrhunderts kann im 21. Jahrhundert nicht überleben.

Bevor ich falsch verstanden werde: Was gilt, ist der Glaube an Jesus Christus! Und der hat fast 2000 Jahre lang schon so manches Durcheinander und Chaos überstanden. Deshalb, aus meiner Sicht: Wir müssen uns neu auf den Glauben hin ausrichten – und welche Form wir ihm dann geben, das ist eine zweite Frage und durchaus zeit- und kulturabhängig.

Das heißt, wir als Kirche und in den Gemeinden müssten uns neu auf unser »Kerngeschäft« hin orientieren und aufhören, dauernd mit irgendjemandem in Konkurrenz zu treten, der etwas eigentlich viel besser kann. Unser Auftrag ist es, dem Menschen zu dienen – und nicht am Sonntag möglichst volle Kirchen zu haben.

Und wir müssten darauf vertrauen, dass es auch in unseren Gemeinden und der Kirche eine neue Ordnung geben wird, auch wenn wir sie im Moment vielleicht noch nicht sehen.

Aber das hat das Chaos nun einmal so an sich.

In die Balance kommen

Die zeitliche Aufeinanderfolge von Chaos und Ordnung ist eine Beziehung zwischen zwei Polen. Eine Ordnung vergeht, wird aufgehoben, eine Nicht-Ordnung, ein Chaos entsteht, aus dem heraus sich dann wiederum eine neue Ordnung entwickelt.

Ordnung → Chaos → Ordnung

Aber das gilt natürlich in der Regel jeweils nur für einzelne Lebensbereiche. Es ist eher unwahrscheinlich, dass zum gleichen Zeitpunkt alles in meinem Leben ins Chaos gerät. Die Kinder mögen in die Pubertät kommen, aber ich habe an meiner Arbeitsstelle gut Fuß gefasst. Die eigenen Eltern werden pflegebedürftig, aber dafür sind dann die Kinder schon aus dem Gröbsten raus. Die Krankheit des Partners stellt alles auf den Kopf, aber die Freunde und die Familie tragen mit.

Nur einmal kam nach einem Vortrag zu diesem Thema eine Frau ziemlich aufgebracht zu mir und sagte laut: »Ich finde es unfair!«

Ich fragte etwas verdutzt nach: »Was finden Sie unfair?«

»Dass die Pubertät meiner vier Kinder mit meinen Wechseljahren zusammenfällt!«

Da konnte ich dann leider nun auch nicht allzu viel dazu sagen außer sie zu bedauern.

Aber normalerweise kann man durchaus davon ausgehen, dass manche Lebensbereiche ins Chaos geraten, während andere stabil bleiben – und während aus dem einen Chaos sich allmählich eine neue Ordnung entwickelt, mag etwas anderes, was bisher getragen hat, plötzlich ins Chaos kommen. Also:

$$\text{Ordnung} \rightarrow \text{Chaos} \rightarrow \text{Ordnung}$$
$$\uparrow\downarrow \qquad \uparrow\downarrow \qquad \uparrow\downarrow$$
$$\text{Chaos} \rightarrow \text{Ordnung} \rightarrow \text{Chaos}$$

Das bedeutet, dass es eine zweite Beziehung zwischen Ordnung und Chaos gibt: Sie ergänzen sich gegenseitig. Und wenn man darum weiß, dann kann man diese Beziehung durchaus sehr sinnvoll nutzen. Ich habe diese Botschaft von meinem Arbeitszimmer gelernt.

Die Botschaft meines Arbeitszimmers

Ich gebe es zu: In meinem Arbeitszimmer herrscht das Chaos. Da stapeln sich Papier-, Brief- und Bücherberge, dazwischen Zeitschriften, ein aufgeschlagener Aktenordner, CDs – und wenn ich das Telefon und den Computer nicht tagtäglich benutzen müsste, wären die mit Sicherheit auch unter irgendwelchen Papieren begraben.

Lange Zeit verstand ich dieses Chaos überhaupt nicht, das sich selbst nach einer mittelgroßen Aufräumaktion nach zwei Tagen bereits wieder sanft auszubreiten beginnt. Denn eigentlich bin ich ein eher ordentlicher Mensch. Ich lebe diszipliniert nach Terminkalender – und wenn man mit mir eineinhalb Jahre vorher ein Wochenendseminar vereinbart, dann kann man sich durchaus darauf verlassen, dass ich an dem Freitagabend pünktlich da bin, den Termin nicht aus Versehen doppelt belege, das Wochenende nicht vergesse oder nur deshalb nicht komme, weil ich plötzlich keine Lust mehr habe.

Warum also um alles in der Welt dieses Chaos in meinem Arbeitszimmer? Wobei ich zu meiner Ehrenrettung sagen muss, dass dieses Chaos durchaus seine eigene, ihm innewohnende Ordnung hat – in aller Regel weiß ich ziemlich genau, auf welchem Stapel in ungefähr welcher Höhe ich diesen Brief oder jenes Papier suchen muss …

Als ich eines Tages wieder den Drang bekam, in meinem Arbeitszimmer Ordnung zu schaffen, machte ich mir erst mal einen Tee, setzte mich ganz ruhig ins Wohnzimmer – und überlegte, warum ich denn möglicherweise gerade jetzt den Drang zum Aufräumen entwickelte. Und plötzlich fiel es mir wie Schuppen von den Augen: In der Beziehung zu meinem Freund kriselte es, da war also Chaos in mir. Und Chaos in mir und um mich herum war eindeutig einmal Chaos zu viel. Ich fange immer dann an, um mich herum aufzuräumen, wenn etwas in mir in Unordnung geraten ist. Das kann eine anstehende Entscheidung sein, die es zu fällen gilt und bei der ich hin- und hergerissen bin zwischen den verschiedenen Möglichkeiten. Das kann die Ahnung sein, dass sich in mir ein neuer Schritt ankündigt, der gegangen sein will, das kann eine Schwierigkeit sein, in der ich stecke, ein Problem oder auch so etwas schön Chaotisches wie ein überraschendes Verliebtsein. Wenn in mir Unordnung ist, brauche ich um mich herum die Ordnung – wenn in mir alles stimmt, kann ich das Chaos um mich herum hervorragend aushalten. Nur Ordnung, das wäre mir, glaube ich, zu langweilig.

Chaos und Ordnung sind wie zwei Waagschalen, die in meinem Leben danach streben, in Balance zu sein – je chaotischer mein Leben, umso eher brauche ich ordnende Elemente, je ordentlicher und strukturierter mein Leben, umso notwendiger brauche ich Räume, Orte und Zeiten, wo das Chaos in mir leben darf.

Und plötzlich begann ich manches in meinem Leben ganz neu zu verstehen. Ich kann das disziplinierte Arbeiten nach Terminkalender und mit langen Planungszeiten deshalb gut aushalten, weil es in mir unter anderem die chaotisch-kreative Seite des Schreibens gibt, wo ich nie weiß, was nun dabei herauskommt, wenn ich mich an den Computer setze.

Ich leite viele Kurse und Seminare – wechselnde Orte, Gruppen, Themen. Mitten in all dem Wechsel bin ich auf »Bleibendes« sozusagen überlebensnotwendig angewiesen. Dazu gehören die Freunde, und an manchen Abenden, wenn ich mich »in der Fremde« fühle, tut es gut, einfach einen von ihnen anrufen zu können und eine vertraute Stimme zu hören. Meine Wohnung, in der ich viele Bilder und »Steh-Rümchen« (das Wort hat ein Freund mal geprägt, und ich finde es wunderschön: »Steh-Rümchen« sind einfach Dinge, die »rumstehen« und keine andere Funktion haben, als mich immer mal wieder zu erinnern) mit Geschichten, Erlebnissen und Menschen verbinde, ist mir Heimat, in die ich gerne zurückkomme, wenn ich irgendwo länger auswärts gearbeitet habe. Ein »Zuhause mitten im Unterwegssein« ist mein Auto – und entsprechend »belebt« sieht es in aller Regel auch aus. Es ist das »Vertraute«, das mich im Wechsel begleitet.

Ich brauche Gleichbleibendes, um den ständigen Wechsel aushalten zu können. Mein Glaube und Gottesdienste sind so etwas, das mich durch alle Wechsel hindurch begleitet. Egal ob in Südafrika, in Luxemburg oder Viernheim – Kirche und Gottesdienst sind eine Heimat für mich, zwar jeweils mit kleinen individuellen Unterschieden, aber immer vertraut. Mir tut diese Struktur gut, die mir und all meinem Wechsel Halt gibt. Mir ist die Erinnerung daran wichtig, dass ich in all meinem Suchen schon längst gefunden bin – mir tut die Ordnung gut, weil ich dadurch mit dem Chaos besser umgehen kann.

Seitdem ich diese »Ordnung des Chaos« durchschaut habe, kann ich mein Durcheinander im Arbeitszimmer und auch manches sonstige »Durcheinander« in meinem Leben erheblich gelassener anschauen.

Das Chaos in meinem Arbeitszimmer mag eine Antwort auf die einfordernde Struktur meines Alltags sein. Und in diesem Sinn kann auch das vertraute Chaos in meinem Arbeitszimmer schon wieder seine Ordnung haben. Solange es in meinem Arbeitszimmer so aussieht, ist ansonsten alles okay. Mich beunruhigt es inzwischen eher, wenn ich den Drang zum Aufräumen verspüre. Denn dann muss ich mich fragen, was sich in meinem Leben gerade neu an Unordnung ergeben hat. Damit erzählt mir mein Arbeitszimmer auch immer etwas über mich und meinen derzeitigen »Lebenszustand« – und, ehrlich gesagt, ich glaube, ich wäre ein bisschen misstrauisch, wenn sich dort plötzlich die Ordnung breitmachen würde.

Wo ist dann mein Chaos?

Von Teddybären und lila Haaren

Je älter ich werde, umso faszinierter stehe ich vor dem Wunder »Menschwerdung«, und das eher im psychischen Bereich als im physischen. Das Abenteuer »Leben« fängt ja mit der Geburt erst richtig an – aber wie geht das denn, dass aus diesem kleinen »Bündel Mensch«, in Windeln verpackt, schlafend und saugend und schreiend, ein Mensch wird, ein richtig großer, erwachsener Mensch, mit Vorlieben und Abneigungen, mit Meinungen und Gewohnheiten, mit Werten und einem mehr oder weniger gelingenden Leben? Was geht da in so einem kleinen Menschen vor, wenn er auf einmal versteht, dass er der Einzige ist, der statt »David«, wie ihn alle anderen nennen, »ich« sagen kann? Wie mag es einem Kind gehen, auf das diese neue Welt manchmal so reiz- und lustvoll und dann doch wieder belastend und erdrückend hereinstürzt? Und wieso ist es fast schon normal, dass Kinder von »guten Katholiken« sich in der Pubertät von dieser Kirche abwenden, Kinder aus ordentlichen Familien plötzlich ein bisschen ausflippen, Jugendliche aus scheinbar chaotischen Verhältnissen sich in ihrer Ausbildungsstelle plötzlich als ganz zuverlässig erweisen – oder Kinder von Schauspielern jeden Beruf ergreifen wollen, nur nicht den ihrer Eltern – und dann manchmal doch wieder gerade in dem Fach landen?

Die Gedanken zu Chaos und Ordnung sind sicherlich kein Allheilmittel – aber in diesem Fall helfen sie mir wirklich zu verstehen.

Das kleine Kind, das sich in einer faszinierenden Art und Weise seine neue Welt jeden Tag mehr erobert, kann all dies Neue, Chaotische gut verkraften – wenn nur der Teddybär oder die Schmusedecke dabei ist und wenn all dies Neue getragen wird durch feste Rituale wie zum Beispiel einen ganz bestimmten Ritus des »Zu-Bett-Gehens«. Kinder brauchen Rituale, brauchen das Konstante, Gleichbleibende, damit sie mit all dem Neuen fertig werden können.

Nach einem Vortrag von mir zu diesem Thema kam ein Buchhändler auf mich zu, der an dem Abend einen Büchertisch organisiert hatte: »Ich werde mich bei meinem Sohn entschuldigen!« Ich schaute ihn fragend an. »Na ja, Sven ist vier Jahre alt. Und natürlich will ich ihm immer die besten und neuesten Bilderbücher vorlesen und mit ihm anschauen, das bin ich mir als Buchhändler ja schon schuldig. Aber was will Sven? Immer das gleiche, alte, schon zerfledderte Bilderbuch! Die Geschichte kann ich schon auswendig! Und ich kam schon richtig ins Zweifeln. Aber jetzt hab ich kapiert, warum es für ihn wichtig ist – und deshalb werde ich mich bei ihm entschuldigen!«

Mitten in all dem Chaos des Neuen braucht es das, was gleich bleibt. Und wehe, Sie ändern auch nur einen Satz in der Geschichte, die Sie schon das hundertste Mal vorlesen – Sven und Bianca und Marc werden es merken –

und heftig protestieren. Zu Recht! Kinder brauchen ihre Ordnung.

Und zugleich lernen sie, wie man mit solch einer Ordnung, die tragen und halten kann, umgeht: Dogmatisch-festschreibend, unter allen Bedingungen unumstößlich gültig – oder vielleicht auch situativ, an Festtagen einmal außer Kraft gesetzt. Das Chaos des Neuen, Anderen, Fremden, braucht das Vertraute, Konstante. Aber auch das Konstante braucht die gelegentliche »Ausnahme«, das Fest, das den Alltag wiederum zum Alltag macht. Wenn es keine Ordnung gäbe, könnte es auch keine Ausnahmen geben!

Die Pubertät bei Jugendlichen kann manchmal sie selbst, aber auch alle Beteiligten in das reinste Chaos stürzen. Jugendliche wagen den ersten Schritt aus der Ordnung des Elternhauses hinaus, und Eltern sehen genau das in Frage gestellt, wofür sie selbst leben, wofür sie sich in der Erziehung stark gemacht haben.

In den 1970er Jahren haben sich viele sehr besorgt gefragt, was den aus den Kindern werden würde, die da so »antiautoritär« aufwachsen? Aus denen wurde gar nichts »Chaotisches«, ganz im Gegenteil. Auch hier gilt die Gegenbewegung: Wenn das »Normale« im Elternhaus das Chaos war, dann muss man sich, um sich daraus zu lösen, ins Gegenteil, also in die Ordnung hineinbegeben.

Mir scheint es inzwischen ein durchaus »gesunder« Entwicklungsschritt von Jugendlichen zu sein, dass sie sich von der Ordnung, in die sie hineingewachsen sind und in der sie groß geworden sind, abwenden und distanzieren müssen. Ich habe fast den Eindruck, dass es für sie irgendwie notwendig ist, das Chaos neben die Ordnung zu stellen oder sogar die Ordnung durch das Chaos zu ersetzen – ganz egal, wie die Ordnung aussieht oder welche Namen sie hat. Wichtig ist erst mal, es anders zu machen, um sich von der vorgegebenen Ordnung lösen zu können und durch die Gegenbewegung zum Chaos eine eigene Ordnung zu finden. Und es mag sein, dass, je fester und vielleicht sogar rigider die Ordnung im Elternhaus war, umso deutlicher dann auch die Gegenbewegung ausfällt, fast wie beim Pendel einer Uhr. Eltern geraten manchmal, wenn sich eine solche Entwicklungsstufe bei ihren Kindern zeigt, ins Zweifeln und Fragen: Welche Fehler haben wir bei der Erziehung gemacht? Wieso kann das, was für uns tragender Grund und Sicherheit ist, von den Kindern so abgelehnt werden? Was soll nur aus diesen Kindern werden?

Die Erfahrung lehrt mich, dass in aller Regel aus solchen Kindern durchaus ganz annehmbare Bürger unserer Gesellschaft werden. Die Phase der lila gefärbten Haare vergeht wieder, auch die Zeit der zerrissenen Jeans, nach einem Jahr »Aussteigen« ergeben sich plötzlich ganz interessante berufliche Perspektiven – und die Tatsache, dass jemand einige Jahre lang überhaupt nichts mit Glauben und Kirche anfangen kann, spricht nicht im Geringsten dagegen, dass der- oder diejenige dann doch ziemlich bereitwillig und offen bei der Erstkommunionkatechese mitarbeitet, wenn die eigenen Kinder zur Kommunion gehen.

In unseren beiden Gemeinden haben immer junge Männer mitgearbeitet, früher als Zivildienstleistende, jetzt im Rahmen des »Bundesfreiwilligendienstes«. Tolle, junge Menschen, die uns für einige Monate ihre Kraft, ihre Zeit, ihre Ideen zur Verfügung stellen. Oft war diese Zeit für sie ein Übergang zwischen Abitur und Beruf, eine Zeit der Suche, der Orientierung. Und so kamen sie auch manchmal durchaus »abenteuerlich« daher, Löcher in den Jeans, ein Käppi, das durchaus bessere Tage gesehen hatte, grün gefärbte Haarsträhnen ... Okay – sollen sie doch suchen und sich selbst finden und entdecken, was zu ihnen passt.

Manchmal aber, wenn sie auf einen kurzen Besuch im Pfarrbüro vorbeikamen, nachdem sie ihre Ausbildungsstelle angetreten hatten, haben wir sie fast nicht wiedererkannt: kurze Haare, eine Bügelfalte in der Hose, weißes Hemd statt schlotteriges T-Shirt. Es pendelt sich schon ein.

Um manche Dinge einfach zu wissen, zu verstehen, dass dies oder das keine individuelle Macke ist, sondern einfach ein ganz bestimmter Entwicklungsschritt, hilft mir, gelassener damit umzugehen. Dann kann ich nachvollziehen, warum Sven bei dem geplanten Ausflug unbedingt darauf besteht, seinen Stoff-Elch mitzunehmen, den er grad heiß und innig liebt und braucht, dann fühle ich mich durch das Anders-Sein der jungen Leute nicht unbedingt persönlich in Frage gestellt, sondern kann mich stellvertretend in ihre Auseinandersetzung zu Chaos und Ordnung einbringen.

Teddybär und lila Haare sind, in aller Regel, vorüber-
gehende Erscheinungen, die dabei helfen können, das
Chaos des Neuen auszuhalten, sich im Sinne der Selbst-
werdung von vorgegebenen Ordnungen zu lösen – um
die eigene Ordnung zu finden.

Je mehr Chaos, umso mehr ordnende Elemente

Um solche Gesetzmäßigkeiten zu wissen kann hilfreich sein, um sie entsprechend in meinem Leben zu nutzen. Wenn es wichtig ist, dass Chaos und Ordnung in mir in einer lebendigen, dynamischen Balance zueinander stehen, dann kann ich schauen: Welcher Pol überwiegt gerade – und wie kann ich möglicherweise Gegenakzente setzen, um wieder ins Gleichgewicht zu kommen.

Eine gute Möglichkeit, chaotische Situationen auszuhalten und sogar zu gestalten, sind ordnende Elemente beziehungsweise die Stärkung der Lebensbereiche, die in der alten Ordnung bleiben. Ein Chaos, das sich sozusagen ungeordnet ausbreitet, kann zerstörerisch wirken – und in der Geschichte vieler Menschen, die ohne festen Wohnsitz sind, lässt sich dies oft deutlich ablesen: Kündigung am Arbeitsplatz, vielleicht sogar verbunden mit der Kündigung der werkseigenen Wohnung, finanzielle Verschlechterung, Herausfallen aus sozialen Beziehungen, neu die Frage nach dem Sinn des Lebens, möglicherweise sogar die Trennung vom Partner – so viel Veränderung auf einmal, das lässt sich fast nicht verkraften. Und nicht von ungefähr gibt es bei professionellen Veranstaltern von langfristigen Fortbildungen, die manches an persönlicher Veränderung mit sich bringen, zu Beginn oft die Empfehlung, in der Zeit der Ausbildung ansonsten keine

Veränderungen im eigenen Leben vorzunehmen. Die Bewältigung des einen Chaos braucht Zeit, Kraft und Energie genug, will sie gut gelingen.

Wer in einem Lebensbereich in Chaos gerät, in eine Zeit, in der Wechsel und Veränderung angesagt sind, sollte achtsam mit den ihn noch tragenden Ordnungen umgehen. Das kann für jemanden, der arbeitslos wird, heißen, jetzt gerade bewusst die sozialen Kontakte im Verein zu pflegen, tragende Beziehungen nicht abbrechen zu lassen. Das kann bedeuten, dass jemand, wenn absehbar ist, dass Vater oder Mutter mehr Begleitung brauchen, weil sie pflegebedürftig werden, nicht gerade jetzt umzieht, die Partnerschaft aufkündigt oder berufliche Entscheidungen trifft. Einmal Durcheinander und Neuorientierung reicht, so notwendig die Veränderung manchmal auch sein mag.

Je chaotischer mein Alltag ist, umso mehr benötigt er eine ordnende Struktur. Wenn ich nicht weiß, was alles auf mich zukommen mag und wie lange es dauern wird, das ist einmal Chaos zu viel. Ich kann mich dann auf Beratungsgespräche einlassen, bei denen ich nicht weiß, was der Ratsuchende wohl von mir will, wenn abgesprochen ist, dass dieses Gespräch eine Stunde dauert – und wenn sich bis dahin die Situation nicht geklärt hat, müssen wir halt einen weiteren Termin vereinbaren. Ich kann den Wechsel von Gruppen, Orten, Themen deshalb aushalten, weil es klare Vereinbarungen, Zeitstrukturen, mich tragende Ordnungen in meinem Leben gibt. Ich kann mich auf die neue Stelle und den neuen Wohnort im

Emsland einlassen und damit auf einen neuen Lebensabschnitt, weil ich um meine Freunde weiß. Ich kann immer dann Veränderung bei mir zulassen, wenn ich mich
von anderem getragen und gehalten weiß.

Immer dort, wo Menschen ins Chaos geraten, kann es
hilfreich sein, die ordnenden Elemente zu stärken und zu
stabilisieren, wie zum Beispiel der geregelte Tagesablauf
im Krankenhaus, die Rituale angesichts des Todes, die
Verlässlichkeit von Freunden. Und das gilt auch für all
die kleinen Chaos-Situationen im Leben, die ordnende
Elemente brauchen.

Jeder Anfang ist erst mal mit Chaos verbunden. Man
weiß noch nicht, »wie es läuft«, ist unsicher, weil man die
Ordnung noch nicht erkannt oder gefunden hat – der Beginn eines Kurses, der erste Abend der Eltern der Erst-
kommunionkinder, die erste Schulstunde, das erste Mal
an der Uni. Diesem Chaos einen ordnenden Rahmen zu
geben, das kann hilfreich sein für alle Beteiligten: Wir
wissen zwar nicht, was auf uns hier jetzt zukommt –
aber um soundsoviel Uhr ist Schluss. Dann und dann
gibt es Abendessen, dort bekommt man Mineralwasser,
da gibt es ein Telefon. Bei Kursen, die ich leite, kläre ich
sehr schnell die Arbeits- und die Essenszeiten. Wenn man
das schon mal weiß, kann man sich als Teilnehmer auf
die Gruppe und den Prozess ganz anders einlassen. Deshalb gibt es überall dort, wo das Chaos seinen Raum haben darf, Veränderung willkommen ist, sehr klare Strukturen, die ordnen helfen, wie zum Beispiel in Beratung
und Therapie. Deshalb werden erfahrene Pädagogen,

Psychologen, Seelsorger und sonstige »Menschenarbeiter« immer sehr schnell darum bemüht sein, ordnende Elemente zu installieren – oder in Krisensituationen neu daran zu erinnern. Einmal Chaos ist genug …

Und je größer das potenzielle Chaos sein oder werden kann, umso klarer muss die entsprechende Struktur sein, um damit umgehen zu können. Feuerwehr, Polizei, Rettungsdienste, Notfallseelsorge arbeiten nach ganz klaren Strukturen, die einen sicheren Rahmen bieten. Denn wenn das Chaos da ist, dann kann man nicht erst anfangen zu diskutieren, wer heute die Leitung hat, sondern dann muss jeder wissen, was er zu tun hat.

Aber es gilt auch andersherum: Wenn mein Leben sehr strukturiert und geordnet ist, dann tun mir »chaotisierende« Elemente gut, dann brauche ich mal das ganz Andere, Neue und Ungewohnte, das meine Ordnung ein bisschen »durcheinanderbringt«. Denn eine Ordnung, die immer nur bleibt, wie sie ist, kann sich verfestigen und so starr werden, dass das, was ursprünglich einmal als Hilfe gedacht war, zum Zwang werden kann. Intuitiv machen das viele genau so … man nimmt sich etwas »Außergewöhnliches« vor, plant ein Abendessen in einem besonderen Restaurant, kauft sich etwas ganz Schräges und Ausgefallenes zum Anziehen und probiert das neue Käsekuchenrezept in der Regel dann aus, wenn Besuch kommt. Ein bisschen Reiz und Prickeln darf gelegentlich schon mal sein!

Anwenden kann man den Gedanken auch auf Gruppen und Organisationen. Viele Pfarrgemeinderäte, mit denen ich arbeite, sind eher dem Pol der Ordnung zugewandt. Man hält sich an die vorgegebene Mustersatzung der Diözese für Pfarrgemeinderäte und gründet sogar in ausgesprochenen Seniorenresidenzen einen Jugendausschuss, weil der ja in der Mustersatzung vorgegeben ist. Und dann kann es ganz guttun, einen Impuls in die Gruppe zu geben, der die Ordnung ein wenig durcheinanderbringt und ein bisschen »aufmischt«, damit neu eine Balance hergestellt werden kann.

Andererseits sind Jugendgruppen oft eher am Pol des »Chaos« ausgerichtet – immer was Neues, immer was Anderes. Alles, was zweimal stattfindet, hat dann schon Tradition. Da kann es hilfreich sein, ordnende Elemente einzubauen, zum Beispiel dass die Leiterrunde immer am ersten Montag des Monats stattfindet und das Zeltlager immer in den letzten zehn Tagen der Sommerferien.

»Lebendig« und lebensfähig sind Gruppen und Institutionen dann, wenn sie in einer guten Balance von Ordnung und Chaos sind. Eine Gruppe, die nie etwas Neues wagt, sondern nur bei dem bleibt, was sie immer schon so gemacht hat, wird über kurz oder lang »sterben«. Andererseits: Wenn sie sich nur dem Chaos der Spontaneität hingibt, wird sie auch nicht lange existieren, denn Dauer und Kontinuität erfordern eine gewisse Ordnung. Die Teams arbeiten am besten und effektivsten, in denen Ordnung und Chaos jeweils ihren Platz haben dürfen, sich Stabilität und Kontinuität mit Wandel und Wechsel verbünden.

Aufgehoben

Mich ausrichten
mein Leben ordnen
dem Tag eine Struktur geben
in eine Regelmäßigkeit kommen
mich selbst begrenzen
meinem Leben einen Rahmen geben

um der Unberechenbarkeit Gottes
Raum zu geben
Durchkreuzen möglich zu machen
an der Radikalität nicht zu zerbrechen
an der Heimatlosigkeit nicht zu verzweifeln
einen Halt in der Unendlichkeit zu finden

um mich nicht zu verlieren
wenn ich Gott finde

um mich zu finden
wenn ich mich in Gott verliere

Exkurs: Fastenzeit – ein bisschen Chaos installieren

Für mich war Fastenzeit viele Jahre gleichbedeutend mit: »Du darfst keine Süßigkeiten essen!« – und das war's dann auch schon. Und lange hatte ich noch ein schlechtes Gewissen, wenn ich bei einem Kurs oder einem Seminar während der Fastenzeit, das mich viel Kraft kostete, plötzlich einen unstillbaren Heißhunger auf ein Stück Schokolade bekam – und dem dann auch noch nachgab.

Auch heute noch treffe ich immer wieder Menschen, die Fastenzeit ausschließlich mit »Verzicht« gleichsetzen, die sich fast schon märtyrerhaft in dieser Zeit irgendetwas entsagen, und manchmal dann auch mit entsprechend langen Gesichtern umherlaufen.

Wenn man aber nach dem »wozu?« der Fastenzeit fragt, könnte sich vielleicht ein neuer Zugang und eine andere Gestaltung ergeben.

Die Fastenzeit will mich einstimmen auf das große Fest mit Gott, will mich zur Umkehr aufrufen dort, wo ich nicht auf Gott hin ausgerichtet bin, will mich befreien zu mir und zu Gott hin – und will damit Lust machen auf eine neue, andere Lebenshaltung und Lebenseinstellung.

Ob der manchmal eher krampfhafte Verzicht auf das Stück Schokolade dazu einen Beitrag leistet, wage ich inzwischen zu bezweifeln – es sei denn, es wäre wirklich die Schokolade, die mich von Gott trennt. Aber das dürfte nun wirklich in den seltensten Fällen der Fall sein. Ob ein Fasten, das nur Last ist, uns wirklich vorbereiten kann auf ein Fest, auch da kann man getrost Fragezeichen machen.

Ich glaube, es geht um etwas anderes: Um ein neues Sich-Öffnen für Gott, für ein Leben, das sich an ihm orientiert, um eine Standortbestimmung und Neuorientierung, um die nächsten Schritte wieder besser auf das Ziel ausrichten zu können. Das aber wäre eigentlich eine Sache, an die man mit Freude und Lust gehen könnte, und nicht unbedingt mit Schmerz und Last.

Es ist gut, dass es solche Zeiten im Kirchenjahr gibt, die mich genau dazu einladen und die ich gestalten kann und darf. Der Alltag hat seine eigenen Gewohnheiten, an die ich mich auch gewöhnen kann, die mich sozusagen weniger aufmerksam und achtsam werden lassen. Die Fastenzeit will mich neu wach machen, neu hellhörig und weitsichtig.

Neu aufmerksam werde ich immer dann, wenn sich an meiner bisherigen Ordnung etwas ändert. Da merke ich auf und werde achtsam: Wie muss ich jetzt reagieren, um diese Situation bestehen zu können? Und so gilt es auch andersherum: Wenn ich an dieser »Alltagsordnung« etwas ändere, wenn ich sozusagen ein bisschen »künstliches« Chaos in meinen Alltag installiere, werde ich neu achtsam, wird mir Leben bewusster. Da kann sich plötzlich Neues eröffnen, ich kann mich positiv herausfordert fühlen (und nicht negativ bedrängt durch ein »du darfst nicht!«), ich wage das Unbekannte, Unvertraute – und kann dabei entdecken, dass es auch anders geht und dass es anders vielleicht sogar besser geht. Der Gedanke der Fastenzeit ist ganz einfach: das Gewohnte außer Kraft zu setzen, damit Neues möglich wird.

Etwas an meinem gewohnten Alltagsablauf zu verändern, das kann durchaus weh tun. Das Ziel ist nicht, Verzicht zu üben um der damit verbundenen Schmerzen willen, sondern neue oder verschüttete Dimensionen meiner selbst zu entdecken. Es geht um Heilung, nicht um die Schmerzen – auch wenn Heilungsprozesse manchmal durchaus schmerzhaft sein können.

Und klar wird damit auch: Ich muss nicht meine gesamte Ordnung außer Kraft setzen, um etwas Neues möglich zu machen. Es geht darum, etwas an meiner Alltagsordnung zu verändern, und damit Raum für Anderes zu schaffen. Das kann auch heißen, für diese begrenzte Zeit auf etwas zu verzichten, um zu erfahren: Wie geht es mir damit, wie abhängig bin ich davon, was fällt mir Neues ein, um das Vakuum zu füllen? Was das jeweils sein kann – da ist die Bandbreite sicher so groß und so verschieden, wie es unsere Alltage sein mögen: Für den einen kann es heißen, ein oder zwei Tage in der Woche bewusst nicht das Auto zu benutzen, sondern sich auf öffentliche Verkehrsmittel, Fahrrad oder die eigenen Füße einzulassen. Für einen anderen kann es die Einschränkung des Fernsehkonsums sein. Es mag der unverplante Abend für den ansonsten engagierten Pfarrer sein, eine kurze Gebetszeit für den, der gleich in den Tag hineinspringt, eine Viertelstunde Papiere wegräumen für den, bei dem die Unordnung schon Wurzeln geschlagen hat, die Idee, sich jede Woche von etwas zu trennen, für den, der zum notorischen Sammler geworden ist – wichtig ist einfach, etwas zu finden, das die bisherige Ordnung ein bisschen auf den Kopf stellt, um damit Neues möglich zu machen. Das kann »verzichten« sein, kann aber auch heißen, etwas neu zu »installieren«. Es geht darum, etwas einmal anders zu machen und zu schauen, ob es mich lebendiger macht. Und sich für die begrenzte Zeit sehr bewusst darauf einzulassen, in dem vollen Bewusstsein: Es muss ja nicht für immer sein!

Deshalb ist es wichtig, den Zeitraum und sich selbst im Blick zu behalten – was kann ich mir für diese Zeit realistisch vornehmen? Wo habe ich Lust, neue Erfahrungen zu machen, mich herausfordern zu lassen? Wer sich Dinge vornimmt, die die eigenen Kräfte übersteigen, die eher lästige Pflichterfüllung sind als lustvolle Herausforderung, der wird die Fastenzeit als Last erleben und nicht als Chance, als »Strafzeit« und nicht als Vorbereitungszeit für ein Fest. Für den wird Ostern nur deshalb ein Fest, weil ich ja jetzt wieder darf …

Es geht nicht um ein Fasten um des Verzichts und der Schmerzen willen, sondern um Befreiung meiner Lebensenergie, darum, mich zu dem zu führen, was mir eigentlich gut tut – und was manchmal im Alltag trotz besseren Wissens einfach untergeht.

»Nein, das ist ein Fasten, wie ich es liebe:
die Fesseln des Unrechts zu lösen,
die Stricke des Jochs zu entfernen,
die Versklavten freizulassen,
jedes Joch zu zerbrechen ...«

JESAJA 58,6

Der Jesaja-Text ist sozial und gesellschaftlich gemeint – trotzdem: Diese Befreiung fängt bei mir an. Ich kann keinem anderen die Fesseln lösen, wenn ich selbst gefangen bin. Wenn ich selbst unfrei bin, wird mir keiner meine Worte von Freiheit glauben. Fastenzeit meint und will beides: Meine Fesseln des Unrechts zu lösen, meine Stricke des Jochs zu entfernen, mich Versklavte freizugeben – um anderen die Botschaft der Befreiung vorleben, weitersagen zu können. Meine individuelle »Befreiung« birgt in sich zugleich den Auftrag, aus diesem »Befreit-Sein« heraus andere zu befreien.

Ein anderes Bild für »befreien« könnte sein: »Erstarrtes neu ins Fließen zu bringen«. In der Bibel heißt das: Taube hörend zu machen, Blinde sehend, Lahme gehend. Da hat sich etwas manifestiert, da ist etwas starr geworden. Da ist eine Ordnung so zur Fessel geworden, dass sie nicht mehr hilft, sondern nur noch bindet. In diese erstarrte Ordnung hinein braucht es die liebende Begegnung mit dem Anderen, mit dem Chaos, um sich neu zur Lebendigkeit befreien zu lassen. Wenn ich im Alltag erstarre, tut es manchmal gut, ein wenig »Chaos« zu installieren, um wieder an den nächsten Schritt erinnert zu werden.

Genau das will die Fastenzeit – nicht mehr, aber auch nicht weniger.

aus der
balance
geraten

in einer waagschale
zuviel

in der anderen
zuwenig

verlier ich mich
im überleben

ich suche mich
und find mich nicht

und was ich finde
lässt mich suchen

und im nicht-finden
überleben irgendwie

müde geworden
in der hingabe

vielleicht mich aufgegeben
in der aufgabe

vor lauter zuwenig
und
vor lauter zuviel

hab ich
meine mitte
verloren

Nochmal ein struktureller Exkurs:
Kirche und Gemeinden

Die Gedanken zu Chaos und Ordnung legen natürlich nahe zu sagen: Wenn Kirche und Gemeinden derzeit so im Chaos sind, dann brauchen wir ordnende Elemente. Okay, das ist so.

Nur – die ordnenden Elemente können nicht neue Gesetze, Erlasse oder Verbote sein. Es müssen Dinge sein, die mitten im Chaos stützen und dabei helfen, hindurchzugehen. Alles, was neuen Druck macht, ist nicht hilfreich. Eine Ordnung, die mitten im Chaos hilfreich sein will, muss in erster Linie unterstützen und entlasten.

Ein erster Hinweis (so komisch er sich anhören mag!): Lust aufs Chaos, aufs Neue machen! Was könnten wir neu entdecken und finden? Welche Chancen bieten sich? Es scheint mir wichtig zu sein, die Angst vor dem Chaos zu nehmen und es als Übergangsstadium zu betrachten, das auch Neues anbietet.

Ein zweiter Hinweis: Den Halt mitten im Übergang nutzen. Und das ist Jesus Christus. Er ist der Stab, auf den wir uns stützen können, wenn wir die nächsten Schritte gehen. Er ist der Wegbegleiter an unserer Seite. In Abwandlung des Zitats von Karl Rahner könnte man sagen: Die Kirche der Zukunft wird eine mystische Kirche sein – oder sie wird keine mehr sein.

Ein dritter Hinweis: Ein gutes Gegenmittel zu Stress und Frustration sind Humor und Gelassenheit. »Nimm dich nicht so wichtig« war eine der Kernüberzeugungen von Papst Johannes XXIII. Es gibt Kirche seit fast zweitausend Jahren – wenn ich das richtig sehe, ist es einzigartig in der Geschichte der Menschheit, dass eine Organisation oder eine Kultur so lange überlebt hat. Und sie hat auch schon schlimmere Zeiten erlebt und überstanden als unsere. Und wenn Gott mit dieser Kirche ist, dann wird sie überleben. Auch wenn mir etwas Vertrautes fehlen mag, auch wenn noch nicht so ganz klar ist, wo es hingeht ...

Und das, was nicht überlebt, mag nicht in Gottes Sinn gewesen sein, sondern Ideen und Werk von uns Menschen.

Ein vierter Hinweis: Treu bleiben in dem, was man im Alltag macht. Oder wie es eine alte Ordensschwester einmal sagte: Solange keine neue Weisung erfolgt, bleib bei der alten! Auch Maria und Josef bringen den jungen Jesus zur Darstellung in den Tempel, wie es die Gesetze damals vorschrieben. Also: Nicht auch noch die Öffnungszeiten vom Pfarrbüro ändern, wenn man grad die Gottesdienstzeiten neu festgelegt hat. Vielleicht nicht zu viel Experimente, wenn man das erste Mal im Seelsorgsverbund miteinander Gründonnerstag feiert. Pfarrbrief und Homepage auf Stand halten – Stabilität mitten im Übergang geben.

Und keine Angst vor dem Neuen haben ...

Und wenn das Chaos da ist?

Das Chaos ist Bestandteil unseres Lebens – und niemand wird kommen und es wegnehmen. Es wird weiterhin Pubertät als Lebensphase geben und Menschen werden umziehen und an einer neuen Arbeitsstelle anfangen. Menschen werden sich verlieben, in Rente gehen – und krank werden. Und auch der Tod wird bleiben.

Wie aber kann ich mit dem Chaos in meinem Leben umgehen? Und wie, wenn ich mit dem Chaos anderer konfrontiert werde?

Erster und wichtigster Hinweis: Ich darf dem Chaos einen Platz in meinem Leben geben, das Chaos darf sein. So zu tun, als ob es das Chaos nicht gäbe, nimmt es nicht weg – es macht mich nur handlungsunfähig. Der Realität nicht ins Auge zu schauen, den Brief nicht zu öffnen, die Krise zu verleugnen – all das sind eigentlich nur Versuche, das Chaos wegzuschieben und in der alten Ordnung zu bleiben. Aber genau damit gebe ich dem Chaos erst Macht über mich. Ich handle nicht mehr, sondern lasse mich von anderem in meinem Leben bestimmen.

Der Weg ist ein anderer: das Chaos zulassen, es beim Namen nennen. In dem Moment, wo ich etwas beim Namen nennen kann, mich ihm stelle, bekomme ich »Macht« darüber – das heißt einfach, ich kann damit etwas »machen«, ich kann wieder neu handeln.

Für mich ist zum Beispiel das Schreiben eine gute Möglichkeit der »Chaosbewältigung«. Manchmal spüre ich, da stimmt was nicht in meinem Leben, da läuft was quer. Und mit dem Gefühl setze ich mich an meinen Computer und suche nach Wörtern und Sätzen, die das zum Ausdruck bringen, was sich in mich »ein-gedrückt« hat. Und wenn »Angst« es nicht trifft und »Traurigkeit« auch nicht – dann ist es vielleicht »Einsamkeit«? Das, was vorher so diffus war, bekommt jetzt einen Namen. Und wenn ich es beim Namen nennen kann, dann kann ich damit auch etwas machen. Ich werde neu handlungsfähig.

Das ist eine ganz alte Weisheit, die wir zum Beispiel im Märchen vom Rumpelstilzchen finden. In dem Moment, wo die junge Königin den Namen des kleinen Zwerges weiß, hat sie »Macht« über ihn. Wenn Sie lieber die spirituelle Variante hätten: »Ich habe dich bei deinem Namen gerufen, du bist mein!« (Jesaja 43,1).

Wie will ich etwas ändern an Dingen, denen ich nicht einmal zugestehe, dass es sie in meinem Leben gibt? Oder die ich nicht benennen kann?

»Macht« heißt dabei einfach »etwas machen können« – also wieder handlungsfähig werden. Solange der Brief ungeöffnet liegen bleibt, lähmen mich meine Angst und Fantasie. Wenn ich den Brief öffne, mich der Realität stelle, kann ich anschließend überlegen, was ich jetzt machen kann. Wenn ich die Erkenntnis zulasse, dass in der Beziehung etwas nicht mehr stimmt, dann kann ich das Gespräch suchen. Wenn ich mir eingestehe, dass Kirche nie mehr so sein wird, wie sie vor fünfzig Jahren war, dann kann ich die neue Situation annehmen und schauen, wie wir das jetzt miteinander gestalten wollen und können.

Das Chaos annehmen, es anschauen ... das ist der erste Schritt – und eventuell der schwerste. Aber wenn ich nicht durch das Chaos hindurchgehe, bleibt alles so, wie es ist. Ich bleibe in dem verhaftet, was war – und sehe nicht das, was sein könnte. Aber nur dann wird sich mir Neues ermöglichen.

Für denjenigen, dem sich Menschen in solchen Situationen anvertrauen, heißt das, das Chaos nicht zu verleugnen oder »wegzutrösten«, sondern dazu zu ermutigen, sich dem Chaos zu stellen. Alles Chaos, dem das »Leben« nicht erlaubt wird, nistet sich in irgendwelchen »Kellergewölben« ein – und kommt dann hervor, wenn es einem am wenigsten passt.

Die Aufgabe eines Begleiters ist es nicht, das Chaos wegzunehmen – das kann niemand. Die Aufgabe ist es, die stabile Größe zu sein, die durch das Chaos hindurch begleitet. Vielleicht könnte man seine Aufgabe sogar darin sehen, zum Chaos zu ermutigen mit der Zusage: »Ich gehe mit dir!«

Keine Angst: Ein solches Chaos ist nicht ansteckend! Man kann durchaus die eigene Ordnung als Gegengewicht zum Chaos des anderen ins Spiel bringen! Und muss es sogar! Berater, die selbst im Chaos leben, mit sich selbst nicht im Reinen sind, können andere nicht durch deren Chaos hindurch begleiten und werden möglicherweise sogar ihr eigenes Chaos auf die Ratsuchenden übertragen.

Menschen durch ihr Chaos hindurch zu begleiten, das ist keine Aufgabe, die nur professionell ausgebildeten Beratern oder Seelsorgern vorbehalten bleibt – im Gegenteil. Früher wurden solche »Dienste« ganz selbstverständlich über die Dorfgemeinschaft oder die Nachbarn abgedeckt. Man setzte sich dazu und hörte einfach zu, nahm den anderen kurz in den Arm, erledigte die Einkäufe mit. Und oft reicht das schon. Nicht jedes »Chaos« braucht den Therapeuten oder den Priester. Aber so wie wir dazu neigen, das Chaos aus unserem Leben auszuschließen, tendieren wir auch dazu, seine »Behandlung« an die Experten zu delegieren.

Die »ordnenden« Anteile stärken – ein nächster Hinweis. In der Notfallseelsorge – und die ist ja schon in eher extremen Situationen angesiedelt – ist ein wichtiger Grundsatz, so lange bei den Betroffenen zu bleiben, bis ein Familienmitglied oder Freunde da sind. Und gegebenenfalls auch dabei zu helfen, dass sie informiert werden und kommen. Ordnung stärken mitten im Chaos kann aber auch ganz einfach heißen, jemandem eine Suppe vorbeizubringen, damit er nicht selbst kochen muss und doch was Vernünftiges in den Magen bekommt. Das kann das Angebot sein, jemandem nach der Untersuchung im Krankenhaus abzuholen. Oder ihm zu versprechen, für ihn zu beten und eine Kerze anzuzünden …

Ein wenig Ordnung in das Chaos hineinzubringen kann wiederum auf zwei Weisen geschehen – auf eine weiblich-annehmende Art und eine männlich-konfrontierende Art. »Weiblich« und »männlich« sind hierbei als »Archetypen« zu verstehen, also als eine Art »Urbild« im Menschen. »Weibliche« Anteile werden nicht notwendig nur von Frauen oder »männliche« von Männern gelebt; auch ein Mann kann »weiblich-annehmend« sein. Und doch ist es schon wahr, dass die beiden Zugangsweisen jeweils eher auf Frauen beziehungsweise auf Männer zutreffen.

Wenn ich ein Problem habe und meiner besten Freundin davon erzähle, dann leidet sie regelrecht mit mir mit, bedauert mich, nimmt mich in den Arm – und am Ende sitzen wir beide da und heulen, aber ich weiß trotzdem noch nicht unbedingt, wie der nächste Schritt denn jetzt aussieht. Aber das Weinen hat gut getan, hat vielleicht manches gelöst.

Wenn ich mit dem gleichen Problem zu meinem besten Freund gehe, dann fängt er an zu strukturieren. Erstens zweitens drittens – und wenn das nicht, dann unbedingt das. Nach einer Stunde gehe ich weg und hab zwar im Kopf den nächsten Schritt klar, aber das Herz weint eigentlich noch, weil es nicht gehört wurde. Ob ich dann wirklich den nächsten Schritt gehen kann, auch wenn er noch so sinnvoll und logisch zu sein scheint?

Auch hier braucht es beides – annehmen und konfrontieren. Miteinander leiden und heulen – und dann planen und organisieren. Das Chaos akzeptieren – und sich dann dem Chaos gegenüberstellen, es beim Namen nennen und ordnen.

Übrigens: Man kann auch manche Heiligendarstellungen und -legenden unter genau diesem Blickwinkel lesen und verstehen! Vielen bekannt ist die Geschichte vom heiligen Georg, der sich dem Drachen gegenüberstellt und ihn tötet. Aber es gibt auch die Legende der heiligen Margareta, die den Drachen an der Leine oder Kette mit sich führt, ihn also nicht tötet, sondern »integriert« – konfrontieren und annehmen. Oder die alte Geschichte von Franz von Assisi und dem Wolf von Gubbio, der die Menschen in Angst und Schrecken versetzt. Der heilige Franz nähert sich ihm ohne Waffen und spricht ihn als »Bruder Wolf« an, und es gelingt ihm damit, die Spirale von Angst und Gewalt zu durchbrechen. Die Bewohner von Gubbio versorgen fortan »ihren Wolf« – und er tut nichts Böses mehr.

Ein letzter Hinweis: »Amerikanische Gehirnforscher haben entdeckt, dass die größte Herausforderung für Menschen immer wieder der Weg von der Sicherheit in die Unsicherheit ist … Am Ende bleibt das Gefühl, es geschafft zu haben. Für die Gehirnforscher heißt das: Glück erleben wir dann, wenn wir Unsicherheit in Sicherheit umwandeln können. Das Gefühl, eine Hürde genommen zu haben, erleichtert, macht uns zufrieden.« (zitiert nach Benedikt Anzeneder, »Das Glück der Hürde«; in: Christ in der Gegenwart Nr. 29/2004).

Die Flügel des Schmetterlings

In seinem Buch »Ubuntu – Die Weisheit Afrikas« (Freiburg im Breisgau 2013) erzählt Eivind Gjösund folgende Geschichte:

»Umalusi und sein Vater verließen das Dorf, und der Junge passte seinen Schritt dem des Vaters an. Zügig gingen sie den Pfad hinunter und kamen so durch das Tal zum dichten Wald am Fuße des Felsens ...

›Ich suche nach einer Schmetterlingspuppe, die kurz davor ist, zu schlüpfen‹, sagte sein Vater und hielt an, um die Blätter eines Baumes neben dem Pfad zu untersuchen. Umalusi fragte nicht, warum sein Vater danach suchte. Er wusste, er würde eine Erklärung erhalten, sobald sie einen Kokon gefunden hatten.

Kurz darauf gab Dumizulu einen Laut von sich und wies auf ein Blatt, auf dem Umalusi einen braunen, enggewobenen Kokon sehen konnte. Sie pflückten das Blatt mit der Raupe darauf und liefen ein Weilchen, bis sie zum Fluss kamen. Dort wies sein Vater ihn an, den Kokon auf einen Felsen in die Sonne zu legen. ›Schneide ihn auf, aber sei sehr vorsichtig dabei, so dass du dem Schmetterling keinen Schaden zufügst.‹ Mit der Seite eines feingeschliffenen Speeres machte Umalusi vorsichtig einen dünnen Schnitt entlang der Oberfläche des Kokons.

Behutsam zupfte er die Fasern ab, bis schließlich der Schmetterling vor ihm lag. Er war perfekt geformt – seine Flügel lagen dicht an seinem dicken kleinen Körper an, die Fühler bewegten sich und erforschten die ungewohnte Umgebung. ›Nimm ihn ganz vorsichtig heraus und lege ihn auf diesen Stein in die Sonne. Wir werden sehen, was geschieht.‹ Umalusi öffnete die Hülle des Kokons, holte mit einem dünnen Zweig den Schmetterling heraus und setzte ihn auf den Felsen. Das kleine Wesen saß unbeweglich da. Dann fingen seine Flügel langsam an zu zittern, und Umalusi sah, dass Farben sichtbar wurden. ›Schau, Vater, wo die Sonne die Flügel trocknet, zeigen sich die Farben.‹ ›Warte ein wenig und lass uns sehen, was geschieht‹, erwiderte sein Vater.

Langsam streckte der Schmetterling erst einen Flügel, dann den anderen heraus. Ihre Farben waren klar und scharf umrissen. ›Wird er jetzt fliegen?‹, fragte Umalusi, der unablässig auf das kleine Wesen blickte, das mit seinen vibrierenden Flügeln so aussah, als wäre es kurz davor loszufliegen. ›Er wird nicht fliegen‹, sagte sein Vater, und Umalusi sah ihn an, weil ihm der traurige Unterton in seiner Stimme nicht entging. ›Warum nicht? Es dauert doch nicht sehr lange, bis die Flügel getrocknet sind, oder?‹ Sein Vater nahm die abgelegte Puppenhülle, gab sie ihm und sagte: ›Schau dir dieses Ende gut an – kannst du das kleine Loch da sehen? Aus diesem wäre der Schmetterling geschlüpft. Aber da wir seinen Kokon geöffnet und ihn herausgenommen haben, kann er nicht fliegen.‹

Ratlos runzelte Umalusi die Stirn. Er verstand nicht, warum der Schmetterling nicht fliegen konnte, obwohl er doch aus seinem Kokon befreit worden war. ›Schau dir seine Flügel gut an, mein Sohn. Siehst du diese Linien hier und dort?‹, fragte sein Vater und wies mit dem Finger darauf. ›Man könnte sie die Knochen des Schmetterlings nennen. Er hat keine Knochen wie du und ich, sie sind wie hohles Schilf. Wenn der Schmetterling sich seinen Weg nach draußen erkämpft, indem er sich durch dieses kleine Loch zwängt‹, sagte er und wies erneut auf den Kokon, ›füllt sich dieses hohle Schilf mit einer Flüssigkeit, die die Flügel stärkt, und so bleiben sie fest und können den Schmetterling stützen, wenn er fliegt.‹

Noch immer konnte Umalusi nicht begreifen, was sein Vater ihm sagen wollte. Er setzte sich und sah zu seinem Vater hoch. Aus langjähriger Erfahrung wusste er, dass sein Vater ihm den Sinn dessen, was sie getan hatten, erklären würde. ›Der Schmetterling ist ein sehr geeignetes Beispiel für das Leben. Es gibt Zeiten, in denen wir uns Dingen zu stellen haben, die wir viel lieber vermeiden würden. Manchmal gelingt es uns, sie zu umgehen, aber dabei werden wir wie dieser Schmetterling.

Wir scheinen fähig zu sein, das zu tun, wofür uns der Große Geist geschaffen hat, aber weil es uns an Stärke fehlt, scheitern wir. Und unser Scheitern ergibt sich aus dem, was wir vermieden haben. Es ist nicht die Schuld des Schmetterlings, dass er niemals fliegen wird, aber das Ergebnis ist das gleiche.‹«

Nicht Chaos oder Ordnung, sondern Chaos und Ordnung

Vielleicht ist klar geworden, dass es nicht um Chaos *oder* Ordnung gehen kann, dass die beiden Pole nicht »Gegenspieler«, sondern »Zusammenspieler« sind. Das eine folgt auf das jeweils andere – und beide ergänzen und brauchen sich. Und das gilt für alle Gegensatzpaare.

Chaos und Ordnung sind Bestandteil aller lebenden Systeme. Zuerst ist da eine »ungeordnete« Menge, das »Tohuwabohu«, von dem die Bibel in Verbindung mit der Entstehung der Welt berichtet (vgl. Genesis 1). Dann wird geordnet, Gott scheidet das eine vom anderen: Oben von unten, Land vom Meer, Licht vom Dunkel – das männliche Prinzip.

Aber er »sortiert« nicht nur, sondern er »stattet« auch aus – Lichter für die Nacht und den Tag, Tiere für das Land und das Meer – das weibliche Prinzip. So entsteht eine neue Welt.

Übrigens gibt es zu dieser Geschichte auch eine »Gegengeschichte« – nämlich die vom »Ende der Welt«, die eigentlich eine Geschichte davon ist, dass Gott eine »ganz neue Welt« erschafft. Und das geschieht dadurch, dass Gott nichts wegnimmt oder hinzufügt, sondern einfach »neu sortiert«, die einen zur Linken, die anderen zur Rechten (vgl. Matthäus 25,31–33).

Eine »neu entstehende Welt« im irdischen Denken braucht Grenzen, damit sie stabil sein kann und Kontinuität hat. Damit aber schreibt sie sich zugleich fest. Um sich weiterzuentwickeln, müssen die Grenzen des Systems immer wieder aufgehoben und neu definiert werden, damit es sozusagen »in Bewegung« bleibt, sonst kann nichts mehr fließen. Wenn die Grenzen ganz starr und fest geworden sind, kann es keinen Austausch mehr mit der Umwelt geben. Keine Weiterentwicklung heißt aber bei lebenden Systemen, dass sie eigentlich »tot« sind. Andererseits: Wenn man sich nur noch weiterentwickelt, ohne auch einmal etwas »festzuschreiben«, wenn man keine Grenzen mehr hat, verfließt man ins Unendliche und »ward nicht mehr gesehen«.

Die beiden Pole in Gegensatzpaaren haben aber noch eine wichtige Aufgabe: Das Eine wird dadurch zum Einen, dass es das Andere gibt. Es braucht den Sonntag, damit es einen Alltag gibt. Wenn es keine Männer gäbe, bräuchten Frauen nicht darüber nachdenken, was es für sie heißt, Frau zu sein. Ich brauche das »Du« des Anderen, damit ich »Ich« sein kann – und der Mensch braucht Gott, damit er Mensch sein kann. Erst am und im Anderen kann ich erkennen, wer ich bin.

Und erst dann kann Leben wirklich lebendig sein! Das ist so wie beim elektrischen Strom – wenn ich einen Pol wegnehme, geschieht nichts mehr. Es braucht beide Pole, damit Spannung (in einem guten Sinn!) da ist und Energie fließen kann. Damit Leben lebendig ist und bleibt …

2
... dem tanzenden Stern ...

Man muss noch Chaos in sich haben,
um einen tanzenden Stern gebären zu können.
Ich sage euch: ihr habt noch Chaos in euch.
Aus »Also sprach Zarathustra«
Friedrich Nietzsche

Der tanzende Stern

Der tanzende Stern – das ist der Stern in mir, der sich auf das Lied des Lebens einlässt, der seine Bahn verlässt, um der Lebendigkeit zu folgen, der, trunken vor Klang, sich hinreißen lässt von Melodie und Rhythmus. Der Stern, der Ordnungen außer Kraft setzt, der selbst so sehr Kraft ist, dass er keine Ordnungen braucht, sondern das Neue wagen, sich hingeben, loslassen kann. Ein Stern, der Tanz, Melodie, Klang ist – und der dort, wo allein Gesetz, Dogma und Ordnung das Leben bestimmen, nicht zur Welt, zum Sein kommen kann.

Ich persönlich glaube daran, dass in jedem Menschen eine solche Kraft des Lebendigen vorhanden ist, dass er einen tanzenden Stern gebären kann – wenn er den Mut hat, dieser Kraft zu glauben. Sie mag verschüttet und verborgen sein, diese Kraft – aber es ist eine Leben erhaltende Kraft. Und überall dort, wo sie leben darf, geht es lebendig zu. Dort werden Ordnungen, die erstarren lassen, aufgegeben, da fängt man an zu fragen und gibt sich nicht vorschnell mit Antworten zufrieden, da macht man sich auf den Weg, um zu suchen und vielleicht zu finden.

Diese Suche nach Lebendigkeit ist eine tiefe und unstillbare Sehnsucht in uns, eine schmerzhafte Wunde, die sich nach dem tanzenden Stern sehnt. Und wir Menschen probieren viel, um diese Sehnsucht zu stillen: Wir versuchen, sie mit der Urlaubsreise oder dem Kauf des neuen Autos zu befriedigen, erwarten, dass der Partner sie erfüllt, wollen sie uns durch unser Machen und Tun verdienen. Aber, »die Sehnsucht ist größer«, wie es Augustinus, der große Kirchenvater des 3./4. Jahrhunderts, sagt.

Der tanzende Stern – das ist das Geschenk einer »anderen Welt«, das ist das Geschenk Gottes. Dieser tanzende Stern ist uns schon längst geschenkt – und wir meinen immer noch, etwas für ihn tun zu müssen. Aber möglicherweise ist er nicht dort, wo wir ihn suchen, er findet sich nicht mit Datum und Uhrzeit im Terminkalender, er versteckt sich nicht zwischen all den Fachzeitschriften, und angeblich hat man ihn auch bei Konferenzen, Sportveranstaltungen und im Supermarkt bisher nur selten gefunden.

Der tanzende Stern kann dann in mir zur Welt kommen, wenn es Raum für ihn gibt, wenn nicht die Ordnung, das Gewohnte in mir regieren, wenn ich keine Angst vor dem Fremden und Anderen in mir habe.

Solche Sterne, die ihre Bahn verlassen, können manchmal Angst machen – das kann man gut an den Schlagzeilen der Boulevard-Presse ablesen, wenn mal wieder irgendwo ein wunderschöner Komet am Himmel zu sehen ist. Solche Sterne fallen aus der Ordnung heraus und können dadurch verunsichern. Auch für diese Sterne gilt, was im Buch Baruch geschrieben steht: *Froh leuchten die Sterne auf ihren Posten. Ruft er sie, so antworten sie: Hier sind wir! Sie leuchten mit Freude für ihren Schöpfer* (Baruch 3,34f). Es sind zwei Verse aus einer Lesung der Osternacht, die leider nur selten gelesen wird – und doch sind sie wichtige Osterbotschaft: Inmitten des Chaos gibt es eine göttliche Ordnung – Chaos und Ordnung sind in Gott aufgehoben.

Es gibt keinen tanzenden Stern, der nicht von Gott gewollt wäre.

Normal
ist das nicht

ich fühl mich
im Unterwegs-Sein zu Hause
und bin doch gern daheim

ich mag Menschen
kann stundenlang mit Freunden telefonieren
und bin doch gern allein

ich brauche die Herausforderung
lass mich über meine Grenzen hinweg locken
und bin doch gern gesichert

ich liebe die Abwechslung
mich reizt das Abenteuer
und bin doch gerne vertraut

ich liebe die Nähe
freue mich am Angenommen-Sein
und bin doch gerne für mich

ich liebe das Leben
weil es so unerträglich schön ist
und bin doch manchmal ein bisschen heimatlos

ich liebe das Durcheinander
weil es so lebendig ist
und bin gelegentlich doch etwas verwirrt

normal ist das
sicher nicht

aber ein bisschen verrückt
find ich auch ganz schön

3
... und dem wahren Leben

Das Eine und das Andere

Die Art und Weise, wie Chaos und Ordnung sich aufeinander beziehen, kann man auf alle anderen »Spannungspaare« übertragen – zum einen folgen sie zeitlich aufeinander, zum anderen brauchen sie sich gegenseitig, um in eine Balance, in ein Gleichgewicht zu kommen. Und genau das ist der Grund, warum nicht das »oder« zwischen die beiden Pole als »Verhältniswort« gehört, sondern das »und«.

»Ora et labora« wird die Lebensregel der Benediktinermönche zusammengefasst: »beten und arbeiten«. In Taizé wurde von Frère Roger der Begriff »Kampf und Kontemplation« geprägt. Die Diözesansynode in Rottenburg-Stuttgart sprach 1985/86 von »Mystik und Politik«. Von Dietrich Bonhoeffer ist »Widerstand und Ergebung« überliefert. Und im Thomasevangelium – ein »apokrypher« Text, also eine frühen Schriften des Christentums, die nicht in die »offizielle« Bibel aufgenommen wurden – steht folgende Aussage Jesu: »*Wenn ihr gefragt werdet, was ist das Zeichen des Vaters an euch, dann sagt ihnen, es ist Bewegung und Ruhe*« (Logion 50).

Ja, manchmal mag es eine Zeit für das Eine geben (vgl. Kohelet 3), und das Andere hat fast keinen Raum, keinen Platz mehr – mag sein, da ist so viel zu tun, dass man fast nicht mehr zum Beten kommt, dann wieder, vielleicht in Exerzitien, gibt es die Zeit des Gebets.

Viel häufiger aber mag es einem ergehen, wie Goethe es in seinem »Faust I« schreibt: »Zwei Seelen wohnen, ach! in meiner Brust!« Obwohl ich einen Menschen sehr liebe, sehne ich mich auch nach Zeit für mich. Ich träume vom Aufbruch – und will doch die Sicherheit. Ich würde gerne genießen – und sollte doch gesund leben …

Die »beiden Seelen« in meiner Brust darf es durchaus geben – ich muss mich nicht jetzt und für immer für das Eine oder Andere entscheiden. Aber eingeladen bin ich durchaus zu schauen, was im Moment eher gelebt werden sollte, für was es an der Zeit ist.

Und mag sein, dass »Lebenskunst« einfach heißt, »das Rechte tun zur rechten Zeit«.

Von »kairos« und »chronos« – oder: Wann man doch lieber eine Pizza bestellen sollte

Im Lukasevangelium wird uns von einer interessanten Begegnung von Jesus mit zwei Frauen berichtet:

Als Jesus und seine Jünger weiterwanderten, kam er in ein Dorf. Eine Frau namens Marta nahm ihn in ihr Haus auf. Sie hatte eine Schwester namens Maria. Die setzte sich zu Füßen des Herrn und lauschte seinem Wort. Marta aber war durch vielerlei Dienste beansprucht; sie trat hinzu und sagte: Herr, kümmert es dich nicht, dass meine Schwester die Bedienung mir allein überlässt? Sag ihr doch, dass sie mir helfen soll! Doch der Herr antwortete: Marta, Marta, du machst dir Sorge und Unruhe um viele Dinge. Aber nur eines ist notwendig. Maria hat den guten Teil erwählt, der wird ihr nicht genommen werden (Lukas 10,38–42).

In Frauengruppen stößt diese kleine Geschichte oft auf heftigen Widerspruch: »Wenn Marta nicht in der Küche gestanden hätte, hätte der Herr gar nichts zu essen bekommen!« – und man unterstellt, dass Jesus die Arbeit, die Frauen tagtäglich überall auf der Welt verrichten, nicht würdigt und wertschätzt. Und ärgert sich natürlich darüber!

Aber genau dazu sagt diese Schriftstelle eigentlich gar nichts aus.

Wenn man die Geschichte herumdreht, wird vielleicht klarer, worum es eigentlich gehen könnte.

Jesus wird von Marta freundlich eingeladen und in ihr Haus aufgenommen. Und wo ist sie? Sie steht in der Küche. Sie will es ihm besonders »schön« machen – aber dafür verpasst sie die einmalige Chance, das zu hören, was er zu sagen hat. Das wäre ungefähr dasselbe, wenn mich Freunde, die weit weg wohnen, auf der Durchreise besuchen. Dann stell ich mich nicht in die Küche und koche ein dreigängiges Menü, sondern ich freue mich, dass sie da sind – und wir sitzen zusammen und erzählen. Und wenn sie Hunger haben sollten, dann gehen wir entweder essen oder ich bestelle eine Pizza. Auf jeden Fall werde ich die kostbaren Momente ihres Besuches nicht dadurch vergeuden, dass ich in der Küche stehe. Es sei denn, dass wir zusammen kochen und daran Freude haben … aber das wäre eine andere Sache.

Maria hat das Besondere dieses Momentes erkannt und handelt danach, sie tut das, wofür es jetzt an der Zeit ist, nämlich zu den Füßen des Herrn zu sitzen und ihm zuzuhören. In der Küche kann man dann wieder arbeiten, wenn der Herr sie wieder verlassen hat.

Der rechte Zeitpunkt … hier mag der Schlüssel zu dieser kleinen Geschichte liegen. Im Griechischen gibt es für unser Wort »Zeit« zwei Begriffe: »chronos« und »kairos«. »Chronos« ist die Zeit, die wir mit Datum und Uhrzeit angeben, also zum Beispiel Donnerstag, 15.00 Uhr. »Kairos« dagegen ist der »rechte Zeitpunkt«, dann, wenn man sozusagen »zupacken« muss, die Gelegenheit »beim Schopfe ergreift«. Diese Redensart kommt von alten Darstellungen des griechischen Gottes »Kairos«, der

nur vorne auf der Stirn eine Haarlocke hat. Wenn er vor-
beiläuft, dann muss man schnell zugreifen, denn wenn
man diese Locke nicht packt, wird man ihn nicht mehr
erwischen. Diesen Moment, wenn es zuzupacken gilt,
wenn man eine Entscheidung treffen muss, den Mut für
einen nächsten Schritt bekommt, den kann man nicht
im vornhinein festlegen und im Kalender einplanen, das
ist eben grad nicht Donnerstag, 15.00 Uhr.

Marta tut, was immer zu tun ist. Sie hat zwar das Besondere an Jesus und die Möglichkeit gesehen, ihm zu be-
gegnen, als sie ihn eingeladen hat – aber sie nutzt die
Chance nicht. Maria setzt sich über alle Konventionen
hinweg und tut das, was jetzt angesagt ist – auch wenn
es ihr den Ärger ihrer Schwester beschert.

Diese Geschichte will eigentlich ein Lehrstück in Sachen »Lebenskunst« sein – das Rechte tun zur rechten
Zeit. Und wenn Jesus da ist, dann steht man eben nicht
in der Küche – das ist nicht die rechte Zeit dafür. Morgen,
wenn er wieder weitergezogen ist, mag sein, dass dann
»Küchenzeit« ist – und mit Sicherheit hilft Maria dann
auch bei der Arbeit. Jetzt aber ist die Zeit, zuzuhören
und seine Gegenwart zu genießen.

Marta und Maria leben in mir. Ich bin Marta – und ich
bin Maria. In mir gibt es eine aktive Seite, die tun und
machen will – und es gibt in mir eine kontemplative Seite, die still sein und lauschen will. Manchmal hab ich fast
das Gefühl, es ist leichter, die Marta zu sein, zu schaffen,
zu machen, zu tun. Und sich dann beim Herrn auch noch
über die zu beschweren, die anscheinend nichts tun, son-

dern einfach zu seinen Füßen sitzen und zuhören. Aber vielleicht bin ich einfach nur neidisch und eifersüchtig. Denn eigentlich würde ich ja auch gerne – nur trauen hab ich mich nicht getraut.

Aber beides hat seine Zeit, und beides braucht seine Zeit.

Erkennen, erspüren, erahnen, wofür es jetzt an der Zeit ist – und es dann auch noch tun: Kunst des Lebens, Lebenskunst.

Und wissen, wann man eine Pizza bestellen sollte …

Entspannung – das ist das »und« mittendrin

Es ist ganz, ganz lange her ... aber irgendwie erinnere ich mich noch gut daran: Ich fuhr damals mit einem Freund zusammen in Urlaub, und sein liebenswürdiger Vater, ein richtiger alter Herr im besten Sinn des Wortes, verabschiedete mich an dem Morgen mit den Worten: »Ich wünsche Ihnen Ferien vom Ich!« Ich zuckte kurz zusammen, denn eigentlich wollte ich ja gerade »Ferien zum Ich« machen, erinnerte mich aber dunkel daran, dass es wohl einen Roman von Paul Keller mit dem Titel gab und auch irgendwelche Verfilmungen davon – und schwieg. Das war vielleicht auch das Beste.

Denn der nette, alte Herr meinte es ja gut – und was er mit »Ferien vom Ich« meinte und ich mit »Ferien zum Ich« kann man an so einem Morgen, wo das Auto sozusagen schon beladen vor der Tür steht, nicht noch groß ausdiskutieren.

»Ferien zum Ich« ... sich entspannen ... es ein wenig ruhiger angehen lassen ... Sommermonate ... das ist die Einladung. Aber könnte es sein, dass das mit der Entspannung vielleicht gar nicht so einfach ist??

Wenn wir einmal vom Wort selbst ausgehen: Da steckt das Wort »Spannung« drin. Und das ist ja erstmal nichts Schlechtes – im Gegenteil. Ohne Spannung würde beim elektrischen Strom gar nichts gehen, es braucht die verschiedenen Pole, damit Strom fließen kann. Unser Körper muss eine bestimmte Spannung haben, damit wir überhaupt aufrecht stehen können. Und auch unser geistliches Leben braucht die Spannung zwischen Beten und Arbeiten, Kampf und Kontemplation, Widerstand und Ergebung. Eine von Gerda Alexander entwickelte Form der Einübung in den achtsamen Umgang mit dem eigenen Körper heißt nicht ohne Grund »Eutonie«, also: »gute Spannung«, Spannung, die lebendig hält.

»Ent-Spannung« im wahrsten Sinn des Wortes hieße, die Spannung vollkommen aufzuheben. Die Vorsilbe »ent-« in der deutschen Sprache steht immer dafür, etwas »wegzunehmen«: Entkleiden, enttarnen und auch enttäuschen (eine Täuschung wegnehmen) gehören dazu …

Wenn aber gar keine Spannung mehr da wäre, dann wäre man wie ein »Wackelpudding«, der eben dahin glibbert, wo gerade Platz ist, hätte keinerlei Kontur oder Form mehr. Natürlich ist das eine Möglichkeit, so die Ferienwochen zu verbringen, sozusagen »alle viere von sich gestreckt«, Arme und Beine einfach aus der Hängematte oder dem Liegestuhl herunterhängen zu lassen, zu faul zum Lesen, zu faul zum Unterhalten, zu faul zum Aufstehen.

Ein netter Witz sagt es ganz schön: Zwei Männer unterhalten sich. Der eine: »Ich weiß ganz genau, was ich nach meiner Pensionierung machen werde!« – »Und was?« – »Ich setz mich drei Wochen lang in einen Schaukelstuhl!« – »Und dann?« – »Dann fang ich an zu schaukeln.«

Und mag sein, dass das manchmal sogar ganz gut tut. Aber ganz ehrlich gesagt: Ich halte das nicht lange aus – und eigentlich ändert das auch überhaupt nichts an der Situation im Alltag, die mich so erschöpft hat, dass dann gar nichts mehr geht.

Ein Bild, das mir bei der Frage hilft, wie man sich denn am besten »entspannt«, ist das von der Waage – nein, nicht die modernen Computerwaagen, die was weiß ich alles messen und einem damit ja auch schon wieder Druck machen, sondern diese alten Apothekerwaagen mit zwei Waagschalen. Die beiden Schalen müssen sozusagen in die Balance kommen. Wenn in einer Schale zuviel drin ist, dann muss ich das »zu viel« herausnehmen – oder in die andere Schale entsprechend mehr hineintun, damit die Waage ins Gleichgewicht kommt.

Die Art und Weise, wie wir im Alltag leben, ist oft einseitig, etwas hat das »Übergewicht« bekommen. Und dann kommen wir aus der Balance, etwas wird »schief«. Das heißt aber noch lange nicht, dass der Inhalt dieser zu schweren Waagschale deswegen »schlecht« ist – es ist halt nur zuviel.

Machen wir es doch einfach mal konkret: Im Alltag muss man mit dem Kalender leben, Termine ausmachen und sie einhalten, die Zeit ist ge- und damit auch verplant. Das ist ja vollkommen okay so, wir sind halt nicht Robinson auf der Insel, sondern leben mit anderen Menschen zusammen – und da muss man eben Vereinbarungen treffen. Problematisch wird es erst, wenn zu viel

Zeit verplant ist und zu wenig Zeit zur spontanen, freien Verfügung steht. Dann entsteht eine Spannung, die nicht gut tut.

Und da erlaube ich mir eine kurze Zwischenbemerkung: Früher gab es mal einen Unterschied zwischen »Arbeit« und »Freizeit«. Arbeit – das ist verplant, in der Regel fremdbestimmt. Freizeit, das ist »freie Zeit«. Aber wer hat heute in der Freizeit noch »freie«, also unverplante Zeit? Manchmal könnte man fast meinen, dass die Freizeit in »Arbeit« ausartet. Termine, Verpflichtungen, Verbindlichkeiten … und das fängt schon bei den Kindern an.

Und so kommt es auch nicht von ungefähr, dass erste Diskussionen aufkommen, wie das denn für Arbeitnehmer eigentlich ist, wenn sie für ihre Aufgabe und ihren Chef quasi rund um die Uhr zur Verfügung stehen – Erreichbarkeit per Handy wird vorausgesetzt, und es wird erwartet, dass man sich sogar am »Feierabend« und im Urlaub noch um dienstliche E-Mails kümmert. Was, wenn uns die freie, die unverplante Zeit vollkommen abhandenkommt und durch ständige Verfügbarkeit ersetzt wird? (Ich will diese Entwicklung hier nicht weiter verfolgen, ich wollte aber darauf aufmerksam machen …)

Das Problem ist also nicht die Spannung zwischen den beiden Polen, sondern eher eine Spannung zwischen »zu viel« von dem Einen und »zu wenig« von dem Anderen. Und dann könnte man vielleicht die etwas ruhigeren Wochen dazu nutzen, sehr bewusst ein Gegengewicht zu dem »zu viel« zu setzen. Wenn man im Alltag zu viel Zeit verplant hat, dauernd mit der Uhr und dem Kalender leben muss, dann empfiehlt es sich wohl nicht, gerade jetzt eine straff durchorganisierte Gruppenreise mitzumachen, in der wieder der ganze Tag festgelegt ist. Stattdessen könnte vielleicht Urlaub irgendwo in einem Ferienhäuschen angesagt sein, wo man dann frühstückt, wenn man Lust und Laune dazu hat. Andererseits: Wer alleine lebt, vielleicht schon in Rente ist und jeden Tag neu sein Leben selbst organisieren muss, dem mag es guttun, sich in einen vorgegebenen Ablauf hineinzugeben, den andere für ihn geplant haben. Endlich mal nicht selbst planen müssen!

Wer jeden Tag viel Menschen um sich herum hat, dem mag jetzt eher die Einsamkeit guttun – wer ruhig und zurückgezogen lebt, braucht vielleicht den Trubel der Großstadt, um wieder in die Balance zu kommen.

Wer in der Großstadt lebt und arbeitet, der könnte vielleicht in diesen ruhigen Wochen eher in die Natur gehen – wer weitab von Kino und Theater wohnt, mag sich über einen Musicalbesuch freuen. Wer körperlich wenig Bewegung hat, könnte die Chance zum Wandern und Schwimmen nutzen – wer selten Zeit zum Lesen hat, wird sich mit Büchern eindecken.

Entspannung in diesem Sinn heißt also nicht, gar nichts mehr zu tun, sondern das zu tun, was man sonst zuwenig tut – um wieder in die Balance zu kommen. Damit wird aber auch klar: Es gibt nicht *das* Rezept für Entspannung, das für jeden passt und gültig ist. Das, wobei oder womit ich mich wunderbar entspannen kann, würde für einen anderen nur Stress bedeuten – und umgekehrt. Und es heißt auch: Was dieses Jahr für mich passt, mag nächstes Jahr vollkommen unpassend sein – aus dem einfachen Grund, weil sich meine Lebenssituation geändert hat.

In den vergangenen Jahren war ich beispielsweise viel unterwegs, zwischen Südafrika und Deutschland pendelnd. Wenn ich in Deutschland war, dann irgendwo bei Kursen und Vorträgen, in Tagungshäusern und Hotels. Und da war ich letztes Jahr mittendrin für fünf Tage zu einem Kurzurlaub in Cuxhaven, in einem »ganz normalen« Hotel direkt an der Strandpromenade, und habe das einfach nur genossen – ich bin fünf Tage kein Auto gefahren, hatte keinen Laptop dabei, hab nur dagesessen und auf das Meer hinausgeschaut. Gute Freunde von mir waren zwei Kilometer entfernt, wenn wir wollten, haben wir etwas zusammen unternommen – aber es musste auch nicht sein. Ich hatte keine Kirchen und keine Museen auf dem Programm, die ich besichtigen musste – und auch auf den Fischmarkt konnte ich durchaus verzichten. Ich konnte ziemlich stoffelig vor mich hinschweigen, hatte endlich mal wieder Zeit und Lust, Pullover und Jacken einzukaufen – und habe in drei Tagen »Die Hütte« von William Paul Young durchgelesen. Kurz: Es war ein wunderbarer Urlaub! Und er war deshalb so wunderbar, weil ich die Waagschale, die weniger voll war, auffüllen konnte.

Für manche Menschen aber, die ich kenne, wäre das kein Urlaub gewesen, sondern schlicht und ergreifend eine Horrorvorstellung! Die wollen unter Menschen, wollen möglichst viel erleben, möglichst weit weg, möglichst spektakulär. Nein, das wäre in dem Jahr nichts für mich gewesen! Ich war längst voll mit Eindrücken – und brauchte einfach Zeit und Raum, sie ein wenig zu verarbeiten.

Wieder neu in die Balance kommen, Nähe und Distanz, verplante und unverplante Zeit, beruflich und nicht-beruflich, Gott und Menschen.

Die etwas ruhigeren Wochen des Jahres könnten dabei gleich in zweifacher Weise helfen: Zum einen kann ich vielleicht die Waagschale, die zu leer ist, wieder etwas auffüllen. Zum anderen habe ich die Chance, wieder neu auf »den Geschmack zu kommen« … wenn ich in den Ferien das tue, wozu ich sonst nicht komme, könnte ich ja vielleicht erfahren, spüren, erleben, dass es mir guttut. Und möglicherweise bekomme ich dann Lust, auch in meinem Alltag eher mal einen Gegenpol zu setzen. Abends noch mal allein eine halbe Stunde im Wald spazieren gehen, wenn ich viel mit Menschen zusammen war. Nach einem langen Arbeitstag am Computer nicht direkt zum Fernseher wechseln, sondern zu einem Buch greifen. Wenn am Tag viel Routine war, am Abend mal das neue Kochrezept ausprobieren …

Dann kann ich auch ein wenig Verständnis dafür entwickeln, dass mein Partner, meine Partnerin gleichzeitig vielleicht etwas ganz Anderes als ich braucht, um wieder in die Balance zu kommen. Wer den ganzen Tag mit Menschen unterwegs war, will abends zu Hause nur noch seine Ruhe haben. Und wer den ganzen Tag mit zwei kleinen Kindern zu Hause war, die Bügelwäsche gemacht hat, außer dem Briefträger keinen Erwachsenen gesehen hat, der will natürlich am Abend gerne noch mal raus und unter Menschen … zu verstehen, dass der andere etwas Anderes braucht und will als man selbst, könnte vielleicht ein erster Schritt sein, eine Lösung zu finden, die beiden gerecht wird. Klar ist, es braucht beides in meinem Leben, um in der Balance zu sein – das Eine *und* das Andere.

Vielleicht hätten der nette, ältere Herr und ich sogar ganz gut zusammen Urlaub machen können – »Ferien vom Ich« *und* »Ferien zum Ich«! Auf jeden Fall wäre es sehr spannend geworden – und damit lebendig!

Nein, ich kann und mag Ihnen keine Rezepte für »Entspannung« geben, also dazu, wie Sie die Spannung wegnehmen können. Ermutigen möchte ich Sie stattdessen, dem einen Raum und eine Zeit zu geben, das in Ihrem Leben im Alltag zu kurz kommt – damit Sie wieder in eine »gute Spannung« kommen.

Und, etwas schmunzelnd gesagt, natürlich halte ich mich selbst an meine Empfehlungen …

Und genau deswegen erlaube ich mir jetzt auch, diesen Prosa-Text mit einem Gedicht zu beenden … nur damit ich nicht so ganz aus der Balance gerate.

Versöhnung

Ordnung
in das Chaos
bringen
Bewegung
in den Stillstand

Punkt

Falls Sie den Text beim ersten, raschen Lesen so verstanden haben sollten, dass ich mit der Ordnung das Chaos aufräumen will, dann waren Sie tatsächlich ein wenig zu schnell. In Balance sein, könnte auch heißen, die Dinge nicht nur von rechts nach links zu lesen, sondern auch von links nach rechts.

Das Gedicht »Versöhnung« ist dem Buch »Zumutungen – Gewagtes Leben« von Andrea Schwarz entnommen, erschienen 1988 im Verlag Herder, Freiburg im Breisgau (vergriffen).

Ein wenig geborgen sein ...

Wenn du weißt
wo das Salz steht
die Nudeln und die Kekse
nach dem Einkauf verstaut werden
und dass man den Wasserkocher
manchmal
ein wenig drehen muss
damit er anspringt

wenn du keine Bücher
mehr mitbringen musst
denn es stehen genug da
die dich interessieren
wenn der Hund dich kennt
und du die Hunde der Nachbarn
wenn du unbesorgt
das neue Rezept ausprobieren
und die alte Jeans anziehen kannst

wenn man sich viel zu sagen hat
und manchmal am meisten
im Schweigen
weil es keine Worte braucht
wenn du sein kannst
wie du bist
und wie du eigentlich
gerne wärest

dann
könnte
es sein

dass du
heimgekommen
bist

obwohl du
eigentlich
unterwegs bist

Sabbat ist anders

Vor einigen Jahren habe ich ein »kleines Sabbatjahr« eingelegt: zwölf Monate ohne Außentermine, »nur« die halbe Stelle in den beiden Gemeinden, ein bisschen schreiben, viel lesen, den einen oder anderen Kurzurlaub, mehr Zeit für die Freunde, nicht grad »nichts tun«, aber erheblich weniger tun, kurzum – ein ruhiges Jahr.

Aber es kam ganz anders, als ich es mir vorgestellt habe. Ich hätte es mir ja denken können.

Wenn sich Freunde und Bekannte sehr interessiert erkundigten, wie es denn war, dieses Sabbatjahr, musste ich jedes Mal schmunzeln: Ich bin umgezogen in diesem Jahr, es sind zwei Bücher entstanden, ich habe die Ausbildung zur Notfallseelsorgerin gemacht, und es ist uns gelungen, hier in Viernheim Beerdigungen durch Laien bei den Gemeindemitgliedern gut zu etablieren.

Es war alles andere als ein ruhiges Jahr.

Aber: Noch nie habe ich nach einem Umzug so genau gewusst, wo was ist und was alles eigentlich mir gehört. Mit beiden Büchern bin ich mehr als zufrieden. Die Ausbildung zur Notfallseelsorgerin hatte ich zuvor zwei Jahre lang nicht machen können, weil immer andere Termine angesagt waren. Und am Ende des Jahres fühlte ich mich in dem neuen Arbeitsbereich »Beerdigungsdienst« so zu Hause, dass ich wusste: Das läuft.

Ich hatte es mir anders vorgestellt – und doch war es gut so. Es war kein ruhiges Jahr, aber es war ein »anderes« Jahr. Und ich habe Dinge tun können, die ich so in anderen Jahren nie hätte tun können.

Aber wieso hatte ich eigentlich Sabbat mit »Ruhe« verbunden? Natürlich ist mir schon klar, woher diese Verbindung stammt – aus der Bibel und den jüdischen Traditionen. Gott ruht, nachdem er sechs Tage »geschafft« hat – und erst dadurch wird die Welt vollendet. Aber muss man deswegen »Sabbat« sofort mit »Ruhe« gleichsetzen? Könnte »Sabbat« nicht vielleicht auch einfach heißen: Das »Andere« tun? Das tun, was im Alltag nicht geht, nicht möglich ist? Das mag zwar manchmal auch das Ausruhen sein, aber das muss es nicht nur bedeuten. Die »Idee des Sabbat« muss nicht dogmatisch »nichts tun« meinen, sondern kann auch heißen: Ich installiere bewusst an einem Tag in der Woche etwas, das anders ist als mein Alltag. Ich suche den Gegensatz zu meinem Alltag, um neu in die Balance zu kommen, ins Gleichgewicht zurückzufinden. Wenn ich normalerweise viel mit Menschen zu tun habe, wird mir ein Tag mit mir alleine gut tun. Wenn ich viel alleine bin, werde ich gerne den Kontakt suchen. Wenn ich viel geistig arbeite, mag es gut sein, sich körperlich zu verausgaben. Und wenn mein Alltag eher langweilig ist, dann darf der Sabbat ruhig etwas aufregender sein. Oder auch umgekehrt …

Mein Sabbatjahr war anders – und deswegen war es ein gutes und wichtiges Jahr für mich. Auch wenn es ganz anders geworden ist, als ich es mir vorgestellt hatte.

Das habe ich im Rückblick auf mein Sabbatjahr gelernt – und ich habe daraus etwas für die Gestaltung
meines freien Tages gelernt, der selten am Tag des jüdischen Sabbats stattfindet und noch seltener am christlichen Sonntag, sondern viel eher an einem ganz profanen
Montag.

Ich kreise um Gott, um den uralten Turm,
und ich kreise jahrtausendelang;
und ich weiß noch nicht:
bin ich ein Falke, ein Sturm
oder ein großer Gesang.
Rainer Maria Rilke

Falke, Sturm und Gesang

Es gibt die verschiedenen Pole in meinem Leben, die Gegensätzlichkeiten, die beide in mir leben und ihren Raum, ihre Zeit wollen. Das Leben nur auf eines zu reduzieren hieße, die Spannung und die Lebendigkeit herausnehmen. Es gibt Chaos und Ordnung, meinen Wunsch nach Nähe und Distanz, die Zeit zum Umarmen und die Zeit, die Umarmung zu lösen.

Mir hat das Bild der Ellipse dabei geholfen. Eine Ellipse hat zwei Brennpunkte – und eine Linie, die oval um die beiden Brennpunkte läuft. Dieser »Rand«, diese Linie um die beiden Brennpunkte herum ist sozusagen der Weg, auf dem wir um die jeweiligen Gegensätze herum »kreisen« (wahrscheinlich müsste man richtiger sagen: »ellipsieren« – denn bei einem Oval kann man ja schlecht von »kreisen« sprechen!). Mal sind wir näher an dem einen Brennpunkt und weiter weg von dem anderen – dann wieder näher am anderen und ganz weit weg vom einen. Ja, es ist ein dynamisches Modell, keines das festschreibt: ein Kommen und Gehen, ein Sich-Nähern und Entfernen …

Und das ist gut so! Nähe und Distanz, Ordnung und Chaos, Ruhe und Bewegung, Beten und Arbeiten … all das hat seine unterschiedliche Zeit in meinem Leben. Mal brauche ich mehr das eine, dass wieder das andere. Aber immer gibt es beides in meinem Leben.

Vielleicht erinnern Sie sich dunkel an einen Lehrsatz aus der Mathematikstunde? »Die Strecke von einem Brennpunkt zum Rand der Ellipse und weiter zum zweiten Brennpunkt ist immer gleich lang.« Ich sag es nochmal anders: Ich bewege mich auf diesem Ellipsenrand und habe immer eine Beziehung zu beiden Brennpunkten, mal näher bei dem einen, mal entfernter zu dem anderen. Aber was immer gleich bleibt, ist die Summe der Entfernungen zu beiden Brennpunkten. Bei allem Wechsel bleibt etwas gleich – und immer sind beide Brennpunkte, beide Pole da.

Aber: Es kann die Situation der »Polfinsternis« geben. Es gibt zwei Punkte auf der Ellipse, an denen der eine Pol den anderen vollkommen verdeckt, so wie bei einer Mondfinsternis sich der Schatten der Erde zwischen die Sonne und den Mond stellt und ihn verdeckt. Es kann den Moment geben, in dem ich vor lauter Chaos keine Ordnung mehr sehe, vor lauter Distanz keine Nähe mehr spüre, meine Liebe vollkommen vom Hass verdeckt wird. Und umgekehrt: In meiner Ordnung entdecke ich nichts Neues mehr, ich gehe so sehr in der Nähe auf, dass ich das Distanzierende nicht mehr sehe, meine Liebe keine negativen Gefühle mehr zulässt. Und doch ist das jeweils andere immer noch da – nur eben nicht mehr sichtbar, sondern verdeckt, verborgen.

In dem Moment aber, wo ich auch nur einen Schritt weitergehe, öffnet sich wieder ein erster Blick auf den anderen Pol, ganz fern zwar – aber immerhin da.

Aber ich kann mich natürlich auch in meiner »Polfinsternis« einrichten. Nur: Die Tatsache, dass ich das »Andere« nicht sehe, heißt noch lange nicht, dass es nicht trotzdem da ist.

»Die Mitte der Nacht ist der Anfang des neuen Tages« – das ist genau die Beschreibung einer solchen »Polfinsternis«. Vor lauter Nacht sehe ich keinen Tag mehr – und doch fängt er genau da an!

Ebbe und Flut – das ist auch ein Beispiel dafür: Wenn die Flut ihren höchsten Punkt erreicht hat, man gar nicht mehr an Ebbe denkt, genau dann fängt die Ebbe schon an, indem das Wasser sich zurückzieht. Und im Scheitelpunkt der Ebbe beginnt bereits wieder die Flut, das Wasser fängt wieder an zu strömen. Ich brauche nur einen Schritt zu tun – oder ihn tun zu lassen!

Ich finde den Gedanken sehr beruhigend: Es gibt nur zwei Momente in einer Vielzahl von Momenten, in denen ich den anderen Pol gar nicht mehr sehe – und trotzdem ist er sogar dann noch da!

Aber viel häufiger sind all die Momente, wo ein Pol vielleicht vorherrscht, der andere ein wenig schwächelt – aber beide sind irgendwie da. Und es liegt an mir, ob ich einen Schritt auf den anderen Pol hin gehe oder nicht.

Gezeiten der Liebe

Wenn man jemanden liebt, so liebt man ihn nicht die ganze Zeit, nicht Stunde um Stunde auf die ganz gleiche Weise. Das ist unmöglich.

Es wäre sogar eine Lüge, wollte man diesen Eindruck erwecken. Und doch ist es genau das, was die meisten von uns fordern.

Wir haben so wenig Vertrauen in die Gezeiten des Lebens, der Liebe, der Beziehungen. Wir jubeln der steigenden Flut entgegen und wehren uns erschrocken gegen die Ebbe. Wir haben Angst, sie würde nie wiederkehren.

Wir verlangen Beständigkeit, Haltbarkeit und Fortdauer; und die einzig mögliche Fortdauer des Lebens wie der Liebe liegt im Wachstum, im täglichen Auf und Ab – in der Freiheit; einer Freiheit, im Sinne von Tänzern, die sich kaum berühren und doch Partner in der gleichen Bewegung sind.

Anne Morrow Lindbergh

Auferstehung – ganz anders

Eigentlich ist es ja schon verblüffend: Viele Osterge-schichten erzählen davon, dass der auferstandene Chris-tus von seinen Freunden erst mal gar nicht erkannt wird. Maria von Magdala hält ihn für den Gärtner, für die Em-maus-Jünger ist er ein Fremder, für die Jünger, die mit Pe-trus am See Tiberias fischen, ein Unbekannter. Auferste-hung scheint nicht nach Auferstehung auszusehen.

Jesus muss sich zu erkennen geben, durch das Wort, das er spricht, das Brot, das er teilt, die Wunden, die ihn ausweisen. Dann erst gehen den anderen Augen und Oh-ren und Herz auf – und sie können erkennen, was ihnen vorher verborgen war. *»Mitten unter euch steht der, den ihr nicht kennt!«* (Johannes 1,26b) – so sagt es Johannes der Täufer, noch bevor er Jesus am Jordan tauft – und das gilt auch für den Auferstandenen.

Die Tatsache, dass wir Gott manchmal nicht erken-nen, sagt nichts über seine Anwesenheit in unserem Le-ben aus, sondern eher etwas darüber, dass wir ihn uns an-ders vorstellen.

Das muss doch etwas ganz Gewaltiges, etwas Strah-lendes, etwas Großartiges sein – so denken wir. Aber viel-leicht ist Auferstehung gar nicht so spektakulär? Vielleicht sind es die kleinen Momente im Leben, die eigentlich groß sind?

Die Stille der Nacht, das Lächeln im Gesicht der Geliebten, die heimlich weggewischte Träne, das ermutigende Wort, Brot und Wein mit den Freunden geteilt …

Der auferstandene Jesus ist mitten unter uns … und er ist der Freund, der Geliebte, das Kind, der Fremde – und gelegentlich auch der Gärtner oder der Klempner …

Über denen,
die im Land der Finsternis wohnen,
strahlt ein Licht auf.
Jesaja 9,1

Krippe und Kreuz

das Dunkel der Welt
ist der Schatten des Kreuzes

das Licht der Krippe
nimmt all das nicht weg

aber es leuchtet
in dieses Dunkel hinein

Krippe und Kreuz
sind nicht zu trennen

das Licht der Krippe
kennt den Tod

und das Kreuz enttarnt
die falschen Lichter

Kreuz und Krippe
gehören zusammen

und weil es
das Kreuz gibt

brauchen wir

das Licht
der Krippe

nicht nur einmal
im Jahr

Wintermorgen

In der Nacht hatte ich schlecht geschlafen, die Anspannung, die das Seminar mit sich brachte, wirkte sich bis in den Schlaf aus. Jede Stunde wachte ich auf, schaute auf die Uhr, draußen war es stockdunkel, noch immer nicht Morgen! – um mich seufzend wieder umzudrehen, die Bettdecke über den Kopf ziehend.

Als ich wieder einmal aufwache und zum Fenster hinausschaue, ist alles ein wenig anders: Plötzlich erkenne ich schemenhaft die kahlen, dunklen Zweige eines Baumes. Gebannt setze ich mich im Bett auf: Fast unmerklich ist das Dunkel ein bisschen weniger dunkel geworden, kommt der Kontrast der Äste schärfer zur Geltung. Ganz, ganz langsam weicht das Dunkel einer grauen Dämmerung, die allmählich immer heller wird. Die Konturen der Berge zeichnen sich am Horizont ab, ich kann den Wald ahnen, das Nachbarhaus sehen.

Und auf einmal, fast nicht wahrnehmbar, ein leicht rötlicher Ton am Himmel, an Stärke zunehmend, langsam, ganz langsam. Es scheint, als ob das Licht die Dunkelheit Millimeter für Millimeter zurückdrängt, die Nacht nur widerwillig dem Tag weicht. Rot und röter wird der Himmel, in den Tälern liegt weiß der Nebel. Ich schaue fasziniert zu – für eine sehr stille halbe Stunde in diesem Tagungshaus mitten im Hunsrück.

Es sollte noch eine gute Weile dauern, bis der goldene Ball der Sonne wiederum fast unmerklich Stück für Stück über dem Horizont erschien – da saßen wir dann schon beim Frühstück. Ich blieb nachdenklich an diesem Tag. Ich hatte in letzter Zeit viel Dunkel erlebt und durchlitten – und irgendwie wartete ich immer darauf, dass plötzlich ein Licht angeht und alles Dunkel mit einem Schlag vertreibt. Aus der Nacht wird nicht schlagartig Tag. Und zwischen beidem gibt es unzählig viele graue Zwischentöne, in denen sich das Kommen des Tages ankündigt. Könnte es sein, dass ich vor lauter Warten auf das Licht die Grautöne übersehen habe, die es doch zugleich schon ankündigen? Glaube ich möglicherweise, noch immer im tiefsten Dunkel zu sitzen, obwohl sich doch schon Bäume, Häuser, Menschen schemenhaft in der Dämmerung abzeichnen? Es gibt einen Übergang zwischen Nacht und Tag, zwischen Dunkel und Licht, der sich nur millimeterweise, unmerklich fast, vollzieht – und den ich selbst möglicherweise gar nicht wahrnehme.

Plötzlich war ich aufmerksam geworden auf dieses Geschehen, wie es Tag wird, ein Geschehen, das ich in meinem Leben sicher schon Dutzende Male gesehen und beobachtet hatte. An diesem Morgen aber hatte der Sonnenaufgang eine ganz eigene Botschaft für mich.

Es braucht seine Zeit, bis es Tag wird – und die Schritte dahin vollziehen sich so unmerklich, dass ich es gar nicht wahrnehme. Die Nacht braucht Zeit, um zum Tag zu werden, das Dunkel wird nur langsam hell.

Und das gilt auch für mein Leben.

Wenn man einen Pol wegnimmt ...

Auch wenn es lange her ist, ist es mir noch gut in Erinnerung: Eine Kirchenzeitung hatte Auszüge eines Artikels von mir zum Thema »Kirche« abgedruckt. Zuerst freute ich mich, als ich meinen Namen entdeckte; als ich dann aber den Beitrag durchlas, stieg Ärger in mir hoch. »Zwischen Zorn und Zärtlichkeit«, so lautete ursprünglich die Überschrift über meinen Text – aber die Herausgeber der Zeitschrift hatten den Text so gekürzt, dass fast nur noch die »zärtlichen« Aussagen zu »Mutter Kirche« darin vorkamen, der »Zorn« war unter den Tisch gefallen. Mein Ärger war seltsam: Ich war eigentlich nicht richtig wütend, sondern fühlte mich eher ohnmächtig und traurig.

Eine Bekannte, die diesen Artikel auch gelesen hatte und den Text aus dem Buch kannte, half mir einige Tage später, mich selbst zu verstehen. Sie war schlichtweg wütend über den Artikel und sagte: »Wenn die den Zorn wegnehmen und nur die Zärtlichkeit übriglassen, dann machen sie die Zärtlichkeit kleiner. Die positiven Aussagen zur Kirche werden erst dadurch wirklich wertvoll, dass sie vor dem Hintergrund des Zorns und des Ärgers über die Kirche ausgesprochen werden. Und wenn sie das wegnehmen, dann entwerten sie die Zärtlichkeit!«

Ja, das war's, dachte ich, das ist es, warum ich so traurig war und mich so ohnmächtig fühlte, als ich den Artikel gelesen hatte.

Dadurch, dass der scheinbar negative Pol einfach weggelassen wurde, hat der positive an Größe verloren, die Höhen und Tiefen wurden egalisiert – und es bleibt nur etwas Gerades und Langweiliges übrig, das sich zwar positiv anhören mag, aber keine Leuchtkraft mehr entwickelt. Und das macht zugleich hilflos, denn was will man gegen etwas scheinbar Positives schon sagen?

Wenn ich das scheinbar Unangenehme, das nicht so Schöne aus meinem Leben herausnehme, wenn ich nur das Positive lebe, das Dunkle nicht wahrhaben will, dann mache ich mein Leben arm. Erst mein Zorn macht meine Zärtlichkeit wertvoll, erst das Dunkel lässt das Licht strahlen.

dazwischen

eigentlich ist es genug
ich mag nicht mehr
und manchmal kann ich auch nicht mehr

und doch muss es noch ein wenig sein
damit dinge abgerundet werden können
und neues in ruhe wachsen kann

weil es für entscheidungen noch zu früh ist
weil noch zu viel offen
zu vieles ungeklärt ist

es gibt notwendiges
das mich bleiben lässt
und das sind menschen

es gibt nervendes
dem ich mich entziehen will
strukturen und gremien

es gibt die lust
und die nicht-lust
und ich irgendwo dazwischen

aber ich werde
meine sehnsucht
nicht verkaufen

das
ist nicht
das ende

sondern es fängt
noch einmal
neu an

ich fange
noch einmal
neu an

aber noch
bin ich irgendwo
dazwischen

hänge im alten
will das neue

und lebe irgendwie

dazwischen

Es gibt eine Zeit zum Behalten – und eine Zeit zum Wegwerfen

Ja, es gibt solche und solche Zeiten in meinem Leben. Im Moment bin ich eher in der Aufräum- und Wegwerfphase. Aber die bezieht sich interessanterweise nicht auf den jetzigen Zustand meines Schreibtischs (so wünschenswert das wäre!), sondern auf manche Stapel von Papier, die im Keller lagern und schon zwei Umzüge unbeschadet überstanden haben. Ich schaue alte Aktenordner durch und entscheide bei jedem Brief, bei jedem Blatt Papier neu: aufheben oder wegwerfen? Ich sichte meine Buchbestände, von denen einige wegen Platzmangel auch im Keller ausgelagert sind: aufheben oder wegwerfen? Und es ist unsagbar spannend zu erleben, wovon ich mich jetzt trennen kann, was vor einigen Jahren noch nicht möglich war – und was ich immer noch aufheben will und mag.

Da gibt es Briefwechsel mit ehemaligen Freunden, die jetzt den Weg in den Aktenvernichter gehen können, weil mich emotional nichts mehr mit ihnen verbindet. Andere Briefe halte ich in der Hand und denke mir: Da sollte man sich vielleicht noch mal melden. Und es gibt auch den einen oder anderen Brief von einem völlig Unbekannten, der den »Ausleseprozess« übersteht, weil es ganz schön sein könnte, den Brief in acht Jahren noch einmal zu lesen.

Was ich aufhebe und was ich wegwerfe (beziehungs-weise in die Altpapiertonne oder zum nächsten Floh-markt gebe), das sagt viel weniger etwas über »dasjenige« aus als vielmehr über mich. Von dem einen kann ich mich lösen, am anderen halte ich mich noch fest. Und da und dort könnte man es ja vielleicht noch einmal pro-bieren.

Diejenigen, die noch nicht auf einen elektronischen Ka-lender umgestiegen sind, kennen diesen Prozess, jedes Jahr neu um die Silvesterzeit herum: Welche Adressen, welche Geburtstage übertrage ich in den neuen Kalender?

Was behalte ich, von was – oder auch von wem? – löse ich mich? Das ist so eine Art Inventur im persönlichen Leben. Und ich brauche beides: Ich kann nicht alles auf Dauer behalten, dann wird es zu einer unsäglichen Last, die mich nicht mehr beweglich sein lässt. Aber gar nichts zu behalten, alles sofort zu entsorgen – das führt zu einer Bindungslosigkeit, die zum Vagabunden werden lässt.

Spannend ist es, diese verschiedenen Impulse in mir auf mein Leben hin zu deuten.

In meinem Leben habe ich oft Abschied genommen – von Orten, von Aufgaben, von Kirchen, von Menschen. Ich ziehe gerade das neunte Mal um. Und es mag gut sein, dass es hilfreich sein kann, solche Abschiede auch immer mal wieder an kleinen Dingen einzuüben.

Auch Sterben lernt man nicht erst am Tag x, sondern mitten im Leben.

Mag sein, dass dies auch eine Grundhaltung für mei-nen Glauben sein könnte: Was behalte ich, wovon löse ich mich? Ich jedenfalls habe mich verabschiedet von dem Bild eines Gottes, der Buchhalter und Richter ist, ich habe mich verabschiedet von dem Bild einer perfekten Kirche. Aber es gilt auch hier, immer wieder Inventur zu machen: Was schreibe ich ab – und was behalte ich? Und was wäre wertvoll genug, es noch einmal damit zu probieren?

Behalten will ich, dass es einen Gott gibt, der mein Leben in Fülle will – und dass die Kirche, so unzureichend sie auch immer sein mag, immerhin das derzeit einzige Gefäß ist, das diesen Glauben weitergibt.

Für alles gibt es eine Zeit … und wenn wir dem Gefühl in uns trauen, wofür es jetzt in unserem Leben an der Zeit ist, dann werden wir wissen, was wir getrost an die Seite legen können und was behaltenswert ist – auch in unserem Glauben.

beim
Aufräumen
am Sonntagnachmittag

wenn ich mal
nicht mehr sein werde

dann wirst du Fotos finden
mit Menschen die dir nichts sagen
ein gesticktes Buchzeichen
einen kleinen Keramikhasen mit Schlappohr
ein Ferientagebuch von 1967
Texte die du nicht kennst
eine Kinderzeichnung
aus irgendeinem Grund aufgehoben
einen Becher
der für dich
wie jeder andere ist

wenn ich mal
nicht mehr sein werde

wird nicht mehr sein
das Wissen das Gefühl

wie ich in diesen Menschen mal sehr verliebt war
warum ich das Buchzeichen bekam
die Geschichte des Schlappohr-Hasen
meine Kinderwelt mit 12

die Situation des Abends
an dem genau dieser Text geschrieben wurde
die Begegnung mit Johannes
der mir sein Bild geschenkt hat
der Becher
vor 25 Jahren in Irland gekauft

wenn ich gehe
dann wird all das mit mir gehen

zurück bleiben nur Zeichen
Gegenstände Überreste

und vielleicht
ist das auch ganz gut so

was wirklich wichtig ist
das werde ich

mitgenommen
haben

African time

Ja, es ist durchaus bekannt (zumindest aus europäischer Sicht): Afrikaner haben es angeblich nicht so sehr mit der genauen Uhrzeit bei Terminen und Verabredungen. Und ein bisschen stimmt das schon, nicht umsonst gibt es sogar in Afrika den Ausdruck »African time«. Manche Menschen kann das zur Weißglut treiben – diejenigen, für die Zeit Geld ist, die auf Leistung und Effizienz setzen, die Wichtiges zu tun haben – oder zumindest meinen, sie hätten es zu tun.

Afrikaner denken anders.

Angenommen, du sollst heute den Rasen mähen … aber der Rasenmäher geht kaputt. Also musst du zum Chef und ihm sagen, dass der Rasenmäher kaputt ist. Und du fängst ein nettes Gespräch an, fragst, wie es ihm geht, wie es seiner Familie geht – und erwartest natürlich auch, dass du gefragt wirst. Und dann, nach einer Viertelstunde, irgendwie nebenbei, erwähnst du, dass du den Rasen nicht mähen kannst, weil der Rasenmäher kaputt ist. Europäer kann das manchmal schier wahnsinnig machen. Sollen sie doch sagen, was zu sagen ist, und dann repariert man das – und dann kann der Rasen gemäht werden! Denn darum geht es doch! Es muss etwas erledigt, etwas getan werden!

Afrikaner denken anders.

Wenn sie sich nicht danach erkundigen würden, wie es dir und deiner Familie geht, sondern gleich den Rasenmäher erwähnen würden – dann würde es für sie bedeuten, dass der Rasenmäher wichtiger ist als du und deine Familie. Und das wäre eine Beleidigung. Für Afrikaner hat der konkrete Mensch, der vor ihnen steht, der konkrete Moment, der gelebt sein will, den Vorrang. Und deshalb kommen sie dann manchmal zu spät – nach europäischen Bewertungen. Zugegeben: Wenn man an europäisches Zeitmanagement gewöhnt ist, dann fällt einem der Umgang mit einer solchen Einstellung etwas schwer. Aber ich finde die Haltung ausgesprochen sympathisch! Der Mensch ist wichtiger als die Sache oder die Aufgabe!

Und ich ertappe mich selbst dabei, wie ich manchmal Menschen stehen lasse, weil ja etwas Dringendes zu erledigen ist. Wie ich für manches Gespräch keine Zeit habe, weil so viel anderes zu tun ist. Wie der konkrete Mensch in den Hintergrund rückt, weil eine Aufgabe sich in den Vordergrund drängt.

Okay … ich will es auch nicht idealisieren. Manches muss getan werden. Aber vielleicht geht es wieder einmal nicht um das Eine oder Andere, sondern um das Sowohl-Als-auch. Ja, es gibt Dinge, die getan werden müssen – aber wichtiger ist allemal der Mensch, der vor mir steht. Und es geht um den Menschen – und nicht um das, was er tun soll.

Ich denke, dass wir das durchaus von Afrika lernen könnten.

Na ja ... aber entscheiden müssen Sie sich schon ...

Auch Christen wird das Leben und die Lebendigkeit nicht so einfach hinterhergetragen. Dasitzen, Däumchen drehen und darauf warten, dass das Leben mal vorbeikommt ... das dürfte nicht allzu viel Erfolg haben.

Zu leben, lebendig zu sein – das ist in allererster Linie meine Entscheidung. Und die kann ich an niemand anderen delegieren.

Was ist mir in meinem Leben wirklich wichtig? Ist es Karriere machen, Geld haben, wichtig sein? Ich gehe dahin, mache das, wo ich mehr rausholen kann?

Oder ist mir die Freude am Leben wichtig – Liebe, Freundschaft, Menschen, Natur? Genießen können, Zeit haben? Engagement, Hingabe, Höhen und Tiefen erleben, nicht in künstliche Scheinwelten fliehen ...

Mag ich das Gleichbleibende, Konstante, und bin ich dafür bereit, die Tiefen, aber auch die Höhen in meinem Leben zu kappen? Oder bin ich bereit, mich in den Rhythmus des Lebens hineinzustellen, der manchmal auch eine Achterbahn sein mag?

Wie hätten Sie Ihr Leben gerne? Und vergessen Sie bitte nicht: Sie haben nur das eine! Ungünstige Startbedingungen? Ja ... aber man kann auch der Vergangenheit alle Schuld geben, so dass man darüber vollkommen vergisst, die Zukunft selbst in die Hand zu nehmen.

Und dann kommt die zweite Entscheidung: Was sind Sie denn bereit dafür zu tun, dass Ihr Leben so wird, wie es für Sie sein soll?

Dafür muss man zu manchem Ja sagen und zu anderem Nein, man muss sich sozusagen »positionieren«. Eine alte Beraterweisheit sagt: »Wer sich nicht positioniert, wird positioniert werden.« Und das Ja zu dem einen impliziert das Nein zu etwas anderem – und umgekehrt. Beides braucht es, um auf dem eigenen Weg voranzukommen, wie auch immer er aussehen mag. »Jein« und »Vielleicht« und »Dann, wenn ...« verhindern das Leben.

Gott lädt ein zum Leben. Und die Aussage Jesu ist eindeutig: *»Euer Ja sei ein Ja, euer Nein ein Nein«* (Matthäus 5,37). Erst ein mögliches Nein macht mein Ja wertvoll. Wer zu allem »Ja und Amen« sagt, den nimmt man nicht ernst.

Im Prozess der Entscheidung mag man »ellipsenförmig« um die beiden Pole des Ja und Nein herumwandern, mal näher am einen, mal näher am anderen Pol sein. Aber es gibt auch Entscheidungen, die dann irgendwann meine »Entschiedenheit« brauchen. Denn meine Entscheidung schafft auch eine Grenze – und damit Identität. Nur meine Grenzen, das, was mich begrenzt, gibt mir zugleich eine Form, eine Gestalt. »Grenzenlos« zu sein ist eine Illusion – denn dann bin ich »nichts«. Ich bin ich, wenn ich Ja und Nein sage, wenn ich Position beziehe, Grenzen ziehe. Dabei darf es das Eine und das Andere in meinem Leben geben – und das »Austarieren« zu den jeweiligen Polen, den Weg. Es wird dann auch den »kairos« geben, an dem ich mich entscheide, »jetzt« zu den Füßen des Herrn zu sitzen und ihm zu lauschen. Morgen kann die Entscheidung heißen, dass ich in der Küche stehe und Geschirr spüle.

Aber niemandem wäre damit geholfen, wenn ich alle zwei Minuten vom Einen zum Anderen pendele, nur weil ich nichts verpassen will, keinen enttäuschen mag oder nicht in der Lage bin, mich zu entscheiden.

Eine alte, weise gewordene Ordensfrau sagte mir einmal: »Wenn du vor einer Entscheidung stehst und nicht weißt, wie du dich entscheiden sollst – wähle das, was dich lebendiger macht!«

Um Antwort wird gebeten – Ja oder Nein. Es ist deine Entscheidung. Gott zwingt nicht.

Aber er nimmt dir die Entscheidung auch nicht ab.

was ist wahrheit?

köln liegt im norden
klar
wenn man von viernheim aus schaut
vom emsland aus gesehen
liegt es im süden

liebe heißt
für den anderen da sein
liebe heißt
den anderen lassen
ja – was denn jetzt?

es braucht die wandlung
in der messe
doch was ist
mit wandlung
in der kirche?

was
ist
wahrheit?

es gibt wahrheiten
deine und meine
und manchmal unsere

wenn es nur meine wahrheit gibt
ist meine richtig
und deine falsch

dann bist du weniger wert
dann habe ich recht
und du liegst falsch

wenn es nur deine wahrheit gibt
dann hast du recht
und ich unterliege

meine wahrheit
gegen deine wahrheit
und wir kämpfen
manchmal fesselt mich
meine
wahrheit

und ich fühl
mich geknebelt von
deiner wahrheit

deine und meine
wahrheit engen ein

befreien nicht
nur die wahrheit
wird euch
frei machen

die wahrheit
nicht meine
nicht deine

seine wahrheit
die andere wahrheit
gottes wahrheit

die wahrheit
die wahrheiten übersteigt
die andere wahrheit

nicht mehr rechts und links
nord und süd
vorwärts oder rückwärts

seine wahrheit
in der alles aufgehoben ist
was sich unserem denken entzieht

gottes wahrheit
mag nicht
meine wahrheit sein
und sie

mag nicht
deine wahrheit sein

seine wahrheit
übersteigt
deine und meine wahrheit

erst wenn wir
meine und deine wahrheit
in seine wahrheit hineingeben

werden wir
wirklich
frei sein

aber es braucht meine wahrheit
und deine wahrheit
damit seine wahrheit werden kann

und erst dann
werden wir

wachsen

Absender

Vor- und Zuname

Straße / Nr.

PLZ / Ort

Telefon

E-Mail

☐ Ja, ich bin damit einverstanden, per E-Mail interessante
Angebote zu erhalten.

Unterschrift

Der Verwendung Ihrer Daten zu Werbezwecken können Sie jederzeit
durch Mitteilung an den Verlag Herder, 79080 Freiburg, widersprechen.
Weitere Hinweise erhalten Sie telefonisch unter 0761/2717-440.

Deutsche Post 🏇
ANTWORT

Verlag Herder
Kundenservice
D-79080 Freiburg

Interessiert Sie unser Verlagsprogramm?

Gerne informieren wir Sie kostenlos und unverbindlich über Neuerscheinungen und besondere Angebote der Verlage HERDER und KREUZ. Bitte markieren Sie, welche Themengebiete für Sie relevant sind:

- Religion und Spiritualität
- Lebensfragen & Psychologie
- Kultur & Gesellschaft
- Theologie
- Kindergarten und Frühpädagogik

Als Dankeschön erhalten Sie das Grußheft „Wie ein Sonnenstrahl am Morgen" mit inspirierenden Texten und stimmungsvollen Fotografien.

oder online ausfüllen:
www.herder.de/themengebi

HERDER
Lesen ist Leben

Wie ein Adler

»Was ist die Wahrheit, Flussmädchen?«

»Die Wahrheit«, sagte sie und sah ihm fest in die Augen, »besteht darin, dass niemand sein Leben einfach dadurch ändern kann, was er sieht, hört oder sich wünscht. Veränderung geschieht nur dann, wenn ein Mensch an etwas glaubt und sich leidenschaftlich dafür einsetzt. Nur wer nicht im Schmutz und Staub der Meinungen und Erwartungen anderer herumscharrt wie ein Huhn, sondern an seine Einzigartigkeit glaubt und danach handelt, was er als wahr erkannt hat, wird fliegen wie ein Adler.«

EIVIND GJÖSUND, »UBUNTU«

In der Spannung aufgehoben – das Kreuzzeichen

Das Kreuzzeichen ist eine Art »Erkennungszeichen« des Christen. Wenn ein Christ das Kreuzzeichen macht, gibt er sich als Christ zu erkennen und bekennt sich zugleich zu seinem Glauben.

Im Kreuz ist die Spannung enthalten, es vereinigt oben und unten, rechts und links, Kopf und Herz. Es erzählt von Gott und Mensch, Himmel und Erde, Beten und Arbeiten, Mystik und Politik, von Gottvertrauen und dem eigenen Handeln. Das Kreuz hebt diese Spannung nicht auf, aber es umfasst sie, es hält sie aus.

Und es ist zugleich die Spannung von Tod und Auferstehung, von Verwundet-Sein und Geheilt-Werden, von Dunkel und Licht. Wenn Christen das Kreuzzeichen machen, dann schwingt eine Hoffnung, ja eine Gewissheit mit: Das Leben ist stärker als der Tod.

Das Kreuz ist kein Todeszeichen, mit dem alles Leben endgültig endet, sondern es ist für uns ein Zeichen der abgrundtiefen Solidarität Gottes, der seinem Sohn das dunkelste Dunkel des Mensch-Seins nicht ersparen kann und will, weil er den Menschen wirklich nahe sein will.

Wenn wir uns darauf einlassen, Jesus zu folgen, werden Dunkel und Schmerz, Krankheit und Tod bleiben – aber sie haben nicht das letzte Wort.

Christen bezeichnen sich mit dem Kreuz, weil sie an die Auferstehung glauben – und an die Liebe Gottes, die den Tod überwindet. Weil ihr Glaube ihnen den Mut gibt, sich in die Spannungen des Lebens hineinzustellen und sie in Gott aufgehoben wissen.

Ausgespannt

fasziniert vom Geheimnis
und bedroht von der Angst
ahnend um Wandlung
und nicht wissen wohin
erfüllt von der Liebe
an Grenzen kommen
ein du ein wir
und doch allein
Fülle des Lebens
im Dunkel der Nacht
Brot und Wein
und unstillbare Sehnsucht
Hingabe wird
Zumutung
ein schrecklicher Engel
tröstend
kein wenn und aber
ganz oder gar nicht
ich glaube Gott
und bin doch so sehr Mensch
und habe Angst
und will nicht zurück
im Zeichen des Kreuzes
ausgespannt
zwischen Himmel und Erde
Gipfel und Abgrund
Hoffnung und Angst

Gewissheit und Zweifel
Zusage und Aufgabe
Kraft und Grenze

unsagbar stark
und

unsagbar berührbar

das eine
und
das andere

sekundenlang

im unterwegs-sein
von heimat träumen
im zuhause-sein
vom aufbruch

und

so bleibe ich

auf meinem weg

Quellennachweis

Das Tagore-Zitat auf S. 5 ist zitiert nach: Rabindranath Tagore, »Auf des Funkens Spitzen« © 1989 Kösel Verlag, München.

Der Text »Wer bin ich« auf S. 8f. ist zitiert nach: Dietrich Bonhoeffer, Widerstand und Ergebung. Briefe und Aufzeichnungen aus der Haft. Hg. von Eberhard Bethge (DBW 8) © 1998 by Gütersloher Verlagshaus, Gütersloh, in der Verlagsgruppe Random House GmbH, München.

Der Text »Stufen« auf S. 50f. ist zitiert nach: Hermann Hesse, Die Gedichte, Bd. 2 © Suhrkamp Verlag, Frankfurt am Main 1977.

Die Texte »Die Flügel des Schmetterlings« auf S. 126–128 und »Wie ein Adler« auf S. 191 sind zitiert nach: Eivind Gjösund, Ubuntu – Die Weisheit Afrikas © Verlag Herder GmbH, Freiburg im Breisgau 2013.

Der Text »Gezeiten der Liebe« auf S. 165 ist zitiert nach Anne Morrow Lindbergh, Muscheln in meiner Hand. Aus dem Amerikanischen von Maria Wolff. Übertragung der Gedichte von Peter Stadelmayer. Originalausgabe: Gift from the Sea © 1955, 1975 Pantheon Books Inc., New York. Für die deutschsprachige Ausgabe: © 1955, 1990 Piper Verlag GmbH, München.

Ausführliches Inhaltsverzeichnis

Andrea Schwarz, geboren 1955, ausgebildete Industrie-kauffrau und Sozialpädagogin, viele Jahre in der Gemeindearbeit in Viernheim bei Mannheim sowie ehrenamtlich bei Projekten der Mariannhiller Schwestern in Südafrika. Heute als gefragte Referentin, Trainerin und Bibliolog-Ausbilderin tätig. Sie ist pastorale Mitarbeiterin im Bistum Osnabrück und lebt in Steinbild im Emsland.

Andrea Schwarz gehört zu den meistgelesenen christlichen Schriftstellern unserer Zeit. Zahlreiche, sehr erfolgreiche Veröffentlichungen im Verlag Herder.

Andrea Schwarz im Verlag Herder

Bleib dem Leben auf der Spur · Unterwegs nach Afrika
210 Seiten | Gebunden mit Leseband | ISBN 978-3-451-32326-3

2009 verlegt Andrea Schwarz ihren Lebensschwerpunkt nach Südafrika.
Neuausgabe des autobiografischen spirituellen Bandes »Bleib dem Leben auf
der Spur«, aktualisiert um die Erfahrungen, die Andrea Schwarz in ihrem
zwischenzeitlichen Lebensschwerpunkt Südafrika macht.

Wenn die Orte ausgehen, bleibt die Sehnsucht nach Heimat
Fragmente einer geerbten Geschichte
112 Seiten | Gebunden mit Schutzumschlag | ISBN 978-3-451-32192-4

Nachdem beide Eltern gestorben sind, entdeckt Andrea Schwarz im Nachlass
ihrer Mutter eine Brieftasche aus einem dänischen Internierungslager für
deutsche Flüchtlinge. Andrea Schwarz spürt nach, wie diese »geerbte
Geschichte« ihr eigenes Leben geprägt hat.

Und jeden Tag mehr leben · Jahreslesebuch
400 Seiten | Gebunden mit Leseband | ISBN 978-3-451-32169-6

Diese Texte für jeden Tag des Jahres machen Mut, dem eigenen Leben Zeit
und Aufmerksamkeit zu schenken. Auf sehr persönliche Weise bringen sie den
Glauben als eine Einladung nahe, eigene Schritte ins Leben zu wagen, damit
aus Zeit – Leben wird.

Du Gott des Weges segne uns · Gebete und Meditationen
192 Seiten | Flexcover mit Leseband | ISBN 978-3-451-32099-6

Dieses Gebetbuch versammelt bekannte und beliebte, zum Teil aber auch
bislang unveröffentlichte Gebetstexte von Andrea Schwarz aus über zwei
Jahrzehnten in einem Band.

HERDER

Bunter Faden Leben · Mutmachtexte
160 Seiten | Herder spektrum Taschenbuch 7110
Eine Zusammenstellung der lebendigsten Texte von Andrea Schwarz aus
25 Jahren: Texte, die Mut machen, der eigenen Sehnsucht zu vertrauen und
Schritt für Schritt mehr Leben zu wagen.

Ich mag Gänseblümchen · Unaufdringliche Gedanken
160 Seiten | Herder spektrum Taschenbuch 7122
Das »Kultbuch« von Andrea Schwarz! In den kurzen, einfachen Texten der
»Gänseblümchen« bringt die Bestseller-Autorin das Lebensgefühl einer
ganzen Generation auf den Punkt.

Bunter Faden Zärtlichkeit
160 Seiten | Herder spektrum Taschenbuch 7131
Die Gedichte und Texte des Erfolgstitels von Andrea Schwarz buchstabieren
»Zärtlichkeit« als Sehnsucht und als Lebenskunst, die alle Bereiche des
Lebens durchzieht.

Kleines Buch der Lust am Leben
160 Seiten | Herder spektrum Taschenbuch 7124
Neue Texte von Andrea Schwarz, die Mut zu mehr Lebendigkeit machen.
Auch wenn das Leben manchmal nicht leicht ist, lohnt es sich, ihm auf der
Spur zu bleiben und es mit Lust zu leben.

Die Sehnsucht ist größer · Vom Weg nach Santiago de Compostela
192 Seiten | Herder Spektrum Taschenbuch 5756
Reflexionen und persönliche Bekenntnisse verwandeln diesen Pilgerbericht in
einen spirituellen Schatz, der Mut zur eigenen Sehnsucht macht und so zum
Pilgerweg des Herzens einlädt.

HERDER

Andrea Schwarz im Verlag Herder

Finde deinen Traum · Weisheiten des kleinen Drachen Hab-mich-lieb
64 Seiten | Gebunden | ISBN 978-3-451-30581-8
Der kleine Drache »Hab-mich-lieb« ist unterwegs, um zu entdecken, worum
es im Leben und in der Liebe eigentlich geht. Dieser Band versammelt die
schönsten Lebensweisheiten aus den Märchen vom kleinen Drachen,
zauberhaft als Geschenk illustriert von Thomas Plaßmann.

Der kleine Drache Hab-mich-lieb · Ein Märchen für große Leute
128 Seiten | Gebunden mit Leseband | ISBN 978-3-451-32004-0
Das von Thomas Plaßmann illustrierte Märchen von der kleinen
Drachendame Hab-mich-lieb und dem Zauberer Moya macht Mut, auf die
Melodie des eigenen Herzens zu hören.

Kater sind eben so · Neues vom kleinen Drachen Hab-mich-lieb
144 Seiten | Gebunden mit Leseband | ISBN 978-3-451-33249-4
In der Fortsetzung des beliebten Märchens verliebt sich die kleine
Drachendame in den eigenwilligen, aber unverbesserlich liebenswerten Kater
Ferdinand! Ein Märchen über Freundschaft und Liebe.

**Vom Engel, der immer zu spät kam · Meine schönsten
Weihnachtsmärchen**
144 Seiten | Gebunden mit Leseband | ISBN 978-3-451-32258-7
Die Weihnachtsmärchen von Andrea Schwarz: fröhlich und frech, anrührend
und amüsant, heiter und hintergründig. Zweifarbige Geschenkausgabe mit
neuen Illustrationen von Thomas Plaßmann.

Lass deine Seele atmen · Über das Leben und die Liebe
64 Seiten | Mit Fotografien von Hildegard Morian | ISBN 978-3-451-32476-5
Der eigenen Sehnsucht trauen, das Herz öffnen für neue Erfahrungen, der
Liebe eine Chance geben, die Seele atmen lassen. Ein liebevolles Geschenk –
für sich selbst und für andere.

HERDER

Wie ein Gebet sei mein Leben · Exerzitien im Alltag
140 Seiten | Gebunden | ISBN 978-3-451-30751-5
40 Tage Exerzitien mit Andrea Schwarz: ein kurzer Textimpuls, Gedanken für den Tag und einige Anregungen zur Aufmerksamkeit im Alltag: für die Gruppe, den Hauskreis oder das persönliche Gebet.

Unterwegs mit einem Engel · Mit dem Buch Tobit durch die Fastenzeit bis Ostern
160 Seiten | Gebunden mit Leseband | ISBN 978-3-451-32317-1
In 40 täglichen Impulsen begleitet das Buch durch die Fastenzeit bis Ostern. Überraschend aktuell erschließt die Autorin die biblische Erzählung des Buches Tobit für unsere Zeit: Es ist die Geschichte eines Wegs zu neuem Leben, begleitet von guten Mächten.

Mehr leben! Eine Auszeit mit dem Propheten Elija
180 Seiten | Gebunden mit Leseband | ISBN 978-3-451-32370-6
Biblische Hilfe bei Burnout. Andrea Schwarz lädt in ihrem neuen Buch dazu ein, sich eine persönliche Auszeit zu nehmen. Die Autorin erschließt die Erzählungen zum Propheten Elija für unsere Zeit: Es ist die Geschichte eines Wegs aus dem Gefühl der Erschöpfung und des Burnout zu neuem Leben.

Eigentlich ist Ostern ganz anders · Hoffnungstexte
160 Seiten | Gebunden mit Leseband | ISBN 978-3-451-32191-7
Alltagsnah und ehrlich, behutsam und zupackend ermutigt Andrea Schwarz ihre Leser dazu, sich den Dunkelheiten des Lebens zu stellen und offen zu werden für Auferstehung und neues Leben.

Eigentlich ist Weihnachten ganz anders · Hoffnungstexte
160 Seiten | Gebunden | ISBN 978-3-451-29645-1
Jenseits von Kitsch und Kommerz erinnert Andrea Schwarz auf alltagsnahe und zum Teil verblüffende Weise an den Zauber und das Geheimnis des Weihnachtsfestes.

HERDER

MIX
Papier aus verantwor-
tungsvollen Quellen
FSC® C083411

© Verlag Herder GmbH, Freiburg im Breisgau 2012
www.herder.de
Alle Rechte vorbehalten

Umschlaggestaltung: Finken & Bumiller, Stuttgart
Umschlagmotiv: © jlokij / photocase.com

Satz: Barbara Herrmann, Freiburg
Herstellung: CPI – Clausen & Bosse, Leck

Printed in Germany

ISBN 978-3-451-30588-7